外国民法典译丛

主编　徐国栋

Collected Translation of Foreign Civil Code

阿尔及利亚民法典

Civil Code of Algeria

尹　田◎译

厦门大学出版社
XIAMEN UNIVERSITY PRESS ｜ 国家一级出版社
全国百佳图书出版单位

民法典译丛总序

　　"民法典译丛"是厦门大学法学院罗马法研究所与其他高校的学者进行广泛合作的成果,其目的在于为我国民法典的制定提供广泛的参考资料。

　　民法典是一个国家的百年大计,只有经过充分的理论准备,才能经得起上百年时间的考验。制定民法典已成为我国学界的共识,但尽管理论界高度重视这一事业,由于长期的民法文化断层带来的缺憾,制定中国民法典的资料准备和理论准备仍嫌薄弱,急需加强。由于民法的法典编纂在很大程度上是一种罗马法现象,作为一个专业性的罗马法研究机构,为制定一部如此重要的立法文件提供资料准备和理论准备,实属份内的工作,为此,我们注重"藏"、"译"、"研究"外国民法典,并以私人的方式"编纂"中国民法典草案。

　　所谓"藏",指力争收集齐全世界各国的民商法典。在合同法的起草过程中,我痛感连许多著名法典也极难到手利用,认识到"藏"的工作虽简单,但极必要。由于我国理论化的民商法研究起步较晚,而国外许多国家较早就有了民商法典以及成熟的民商法理论,在强调中国的法律和经济要与国际上的相应秩序接轨的前提下,更有必要借鉴国外的成熟经验。收藏外国的民商法典,是对它们代表的法律经验进行借鉴的必要准备步骤。为此,本所收集了166部外国民商法典或草案。欧洲、拉丁美洲的民商法典,除少数不具典型意义的外,已经无遗;其他大洲的具有典型意义的民商法典,亦已尽备。令人自豪的是,在外国民商法典的收藏上,厦门大学罗马法研究所在全国居于前列,已成为中国最好的外国民商法典中心。

　　所谓"译",指对收藏的外文形式的民商法典进行翻译,俾能为广大读者直接利用。由于本所人力有限,我们与其他高校进行了广泛的合作,诸外国民法典的译者有的在长江之滨，有的在大漠之北，有的身处岭南荔枝之乡，有的舌耕京华弦歌之地，颇似当年各路大军会战原子弹。今天，我们为了比原子弹更重要的民法典，又协作在一起。

所谓"研究"，是在上述资料工作的基础上，推动研究外国著名民法典的专著的诞生，以提高我国的民法理论研究水平，直接为我国立法服务。

所谓"编纂"，即根据上述三方面之工作的成果编订中国自己的民法典草案。如果说上述三项任务的目标在于外国民商法典的获得、传播、掌握，那么，此项任务，则以中国现有民商立法的整理为目标。为此，我们已起草《绿色民法典草案》，希望以此举带动其他高校也起草自己的民法典草案建议稿，集思广益，加快中国民法典的制定进度。

现在，我们把"译"的工作成果奉献给公众，已经完成并出版的外国民法典有：《阿尔及利亚民法典》、《越南旧民法典》、《越南新民法典》、《智利民法典》、《阿根庭民法典》、《巴西新民法典》、《埃塞俄比亚民法典》、《魁北克民法典》、《埃及民法典》、《蒙古民法典》、《路易斯安那民法典》、《马耳他民法典》，共计12 部，分涉欧亚非、南北美洲的 11 个国家和地区，反映了不同文化区域的人民的法律智慧，它们的出版扩展了我们民族的法律视野。

民法典是一个民族之生活的镜子，是一个民族文化之精华的表现，它凝聚了一个民族的价值观和生活经验。欲了解一个民族的生活样态，看一下它的民法典就够了。无怪乎《意大利民法典》被译成中文后，意大利驻华使馆的工作人员有点伤感地说："你们把我们最好的东西都拿走了"。如果把这个世界看作是一个由国家组成的市民社会，各个民族都是这个社会的成员，人的生活方式的普遍性决定了民法典的普遍性，因此，各个民法典又是比较类似的，可以跨文化地移植或借鉴的万民法的成分居多。他山之石，可以攻玉，对于我国民法典的制定者来说，可以参考的外国民法典是愈多愈好，从根本上说，本丛书主要是为制定我国民法典服务的。如果可以提得更高一些，我们可以说，翻译外国民法典是一项文化基本建设工作；它除了能满足立法、司法和学术研究的需要外，还可以满足通商的需要，因为在与一个国家进行贸易之前，了解其民商法是必不可少的。

让我们的"民法典译丛"能够像狄得罗的《百科全书》和格林兄弟的《德语词典》一样，成为一项伟大的事业！

徐国栋

2012 年 6 月 6 日重写于胡里山古炮台之侧

埃及模式与《阿尔及利亚民法典》

※ 徐国栋

　　阿尔及利亚是个历史悠久的古国,其原住民为努米底亚人,又名柏柏尔人,他们是腓尼基人的后裔。公元前4世纪建立的努米底亚王国是阿尔及利亚历史上最早的国家,在罗马共和国与迦太基间进行的地中海争霸战中是罗马的同盟国。但在公元前111—公元前105年期间,努米底亚国王朱古达与罗马进行了7年的战争,以武力和贿赂屡败敌手,发出过蔑视罗马人的"如果能够替它找到一个买主的话,整个罗马城也可以买得到"[①]的感叹,最后战败被俘,被拷打致死于罗马卡皮托尔山上的监狱。努米底亚由此遭到分割。1世纪,在克劳丢斯皇帝的统治下,努米底亚的一部分成为罗马的恺撒毛里塔尼亚行省,以阿尔及利亚现在的舍尔沙勒(Cherchell)为首府,适用罗马法。在罗马帝国衰落的浪潮中,汪达尔人征服过这个国家;它后来又被拜占庭帝国的皇帝优士丁尼收复。最成功的征服者是阿拉伯人,他们于7世纪来到这个国家,带来了伊斯兰教,并对这里的法律留下了最深刻的痕迹。摩洛哥人也征服过阿尔及利亚,建立了一个包括整个马格里布在内的大帝国,这一事实使阿尔及利亚的法律与其马格里布邻国的法律保持一种联系。1587年,阿尔及利亚被土耳其人征服,成为奥斯曼土耳其的一个省。奥斯曼帝国为阿尔及利亚带

---

　　① 参见[古罗马]阿庇安著:《罗马史》(上册),谢德风译,商务印书馆1979年修订版,第304页。

来了土地法,它以伊斯兰法为基础,掺杂一些本地的习惯。①

显然,阿尔及利亚属于民族走廊地区,凡有意于非洲的外来势力莫不要首先经过这个国家才能进一步达到自己的目的,它因此得到过许多侵略者的"光顾"。继罗马人的征服之后,1830 年 6 月 14 日,罗马人的子孙——法国人占领了阿尔及利亚,从法律的角度来看,这意味着阿尔及利亚法传统与罗马法传统之联系的恢复。1834 年 7 月 22 日,法国颁布条例,实现了阿尔及利亚领土与法国领土的合并,从此开启了在这里长达 132 年的殖民统治。作为附带的结果,法国法从此开始渗透到这里。

1954 年,阿尔及利亚在受到法国征服的 124 年后,开始了争取独立的武装斗争,在非洲国家中开创了"枪杆子里面出独立"的道路,这是朱古达的子孙与罗马人的子孙的继续对抗!这样的选择鼓舞了包括纳尔逊·曼德拉在内的许多在自己的国家谋求独立的非洲政治家,这位勇敢和可敬的南非人曾到阿尔及利亚取武装斗争之经,并接受爆破训练。后来,他在南非领导"民族之矛"武装斗争运动,这与他在阿尔及利亚的经验不无关系。

阿尔及利亚的武装斗争选择导致它于 1962 年 7 月 4 日获得独立。② 尔后阿尔及利亚选择了社会主义道路,因为"对社会主义的向往是不发达国家人民的根本目标",而不发达是由殖民帝国主义造成的。

一、法律史、民法典的制定及其蓝本

从法律史的角度来看,作为罗马一个行省的阿尔及利亚曾是罗马法适用区。639 年 12 月,伊斯兰教徒入侵非洲,伊斯兰法随之而入,阿尔及利亚演变为作为穆斯林国家的奥斯曼帝国的一部分,在法国占领前实行伊斯兰法的马立克学派。该派与哈乃斐学派、罕百里学派、沙斐仪学派一起合称逊尼派四大教法学派。法国占领后,这一法律与法国殖民者引进的法律并存,但法国法实

---

① See Aahmed Aoued, Algeria: Reconciling Faith and Modernity, In Esin Orucu, Elspeth Attwooll, Sean Coyle(edited by), *Studies in Legal Systems*: *Mixed and Mixing*, Kluwer Law, Hague, London, Boston, 1996, p. 193.

② 上海社会科学院法学研究所编译室编译:《世界各国宪政制度和民商法要览》(非洲分册),法律出版社 1987 年版,第 1 页。

际上处于特权地位。① 基本的原则是阿尔及利亚人适用穆斯林法,法国人或归化法国的阿尔及利亚人适用法国法,在涉及人法的事项上尤其如此。两种法律由两个法院系统操作,适用伊斯兰法的是法国人保留下来的沙里亚法院。具体而言,在征服的初期,穆斯林法以商法、家庭法、财产法和刑法为地盘。但法国政府于1841年2月28日和1842年9月26日颁布的条例剥夺了伊斯兰法院对刑法事项的管辖权。1873年7月26日的法律把不动产问题(土地的转让和取得)转归法国法管辖,并限制伊斯兰法在人身法(结婚、离婚和继承)领域的适用。② 19世纪80年代,法国进行过废除沙里亚法院和伊斯兰法律学校的不成功尝试,并且决定不论何种法院作出的判决,在上诉审的层次统统适用法国法。③ 经过这样的法国化,穆斯林法的地盘日益缩小,但仍构成与法国法并存的一种异质的存在。

为了求得法国本土与非洲领土在法律上的同质性,法国于1865年7月14日颁布了一项元老院法令(Senatus—Consulte Law),授予阿尔及利亚的穆斯林法国国籍,但规定,他们要想取得法国公民权必须放弃自己的伊斯兰法。④ 放弃自己固有法的行为谓之归化。如果选择不放弃,法国的这种立法安排就会导致具有法国国籍的人不具有法国公民权的尴尬局面。而阿尔及利亚的穆斯林认为,接受法国公民资格会使他们承担屈从于异教徒法律的义务,从而放弃他们的人身法,因此,他们很少要求成为法国公民;有些则要求以保留自己的人身法为条件成为法国公民⑤。从统计资料来看,1907年,阿尔及利亚有4418063居民,归化法国的不超过43人;1865年到1907年期间,归化法

---

① 上海社会科学院法学研究所编译室编译:《世界各国宪政制度和民商法要览》(非洲分册),法律出版社1987年版,第9页。

② See Oussama Arabi, Orienting the Gaze: Marcel Morand and the Codification of Le Droit Musulman Algerien, In *Journal of Islamic Studies*, 11, 1, 2000, p. 47.

③ See Allan Christelow, Muslim Law Courts and the French Colonial State in Algeria, In *Bulletin of the School of Oriental and African Studies*, University of London, 50, 3, 1987, p. 556.

④ See Oussama Arabi, Orienting the Gaze: Marcel Morand and the Codification of Le Droit Musulman Algerien, In *Journal of Islamic Studies*, 11, 1, 2000, p. 51.

⑤ 参见[法]加布里埃尔·埃斯凯著:《阿尔及利亚史》,上海师范大学翻译组译,上海人民出版社1974年版,第70页。

国的总人数不超过 1405 人,①从这些数据中我们可看出阿尔及利亚人民的倔强性格以及法国法在一个穆斯林国家推广的缓慢程度。

以法国法取代穆斯林法的企图不成,法国转而采取把这种法合理化的方案。存在于阿尔及利亚的穆斯林法的渊源杂乱,缺乏可借鉴性。为了改变这种状况并利用这个机会改造穆斯林法,法国成立了阿尔及利亚穆斯林法法典编纂委员会。1905 年,该委员会委托阿尔及尔大学法律系主任、法国法学家莫朗(Marcel Morand)起草《阿尔及利亚穆斯林法典草案》,他领导的委员会于 1914 年完成了起草工作,草案凡 781 条,分为四编。第一编,人身法(结婚与离婚);第二编,继承和捐赠;第三编,财产;第四编,证据。② 它主要依据马立克学派制定,但也参考了其他学派的规定。③ 在起草中,莫朗参考了穆斯林国家的新近立法,例如奥斯曼帝国于 1877 年颁布的《马雅拉》;埃及于 1875 年颁布的《人身法典》。④ 该草案于 1916 年以《呈交给阿尔及利亚穆斯林法法典编纂委员会的法典学者建议稿》的书名出版,但从未以官方形式颁布,主要原因是它把穆斯林法改造得过于西化因而遭到了阿尔及利亚以外的伊斯兰宗教领袖的反对,因为法国有把它适用于其他法属非洲穆斯林殖民地的企图。⑤

取代和固化伊斯兰法的尝试都未成功,看来只能采取融合法国法与伊斯兰法的途径,具体而言,是在沙里亚法院按法国法的原则适用伊斯兰法的途径和创立混合两种法的判例法的途径。⑥ 这种尝试取得了不错的成果:穆斯林

---

① See Oussama Arabi, Orienting the Gaze: Marcel Morand and the Codification of Le Droit Musulman Algerien, In *Journal of Islamic Studies*, 11, 1, 2000, p. 51.

② See Oussama Arabi, Orienting the Gaze: Marcel Morand and the Codification of Le Droit Musulman Algerien, In *Journal of Islamic Studies*, 11, 1, 2000, p. 43.

③ See Allan Christelow, Muslim Law Courts and the French Colonial State in Algeria, In *Bulletin of the School of Oriental and African Studies*, University of London, 50, 3, 1987, p. 557.

④ See Oussama Arabi, Orienting the Gaze: Marcel Morand and the Codification of Le Droit Musulman Algerien, In *Journal of Islamic Studies*, 11, 1, 2000, p. 45.

⑤ See Allan Christelow, Muslim Law Courts and the French Colonial State in Algeria, In *Bulletin of the School of Oriental and African Studies*, University of London, 50, 3, 1987, p. 557.

⑥ See Allan Christelow, Muslim Law Courts and the French Colonial State in Algeria, In *Bulletin of the School of Oriental and African Studies*, University of London, 50, 3, 1987, p. 556.

法仍维持其名目,但已经过了法国法的洗礼。没有这样的文化融合,独立后制定西方式的法典恐怕不可能。

独立后,在法律问题上,阿尔及利亚并未同过去一刀两断,而是留任了一批法国人作为司法人员,与此同时进行了大规模的法典编纂工作,力图制定自己的法律。① 1966 年 6 月,阿尔及利亚颁布了《刑法典》、《刑事诉讼法典》和《民事诉讼法典》。② 1975 年 9 月 26 日,作为上述法典编纂工作的一部分,阿尔及利亚颁布了民法典。上述法典都采用埃及蓝本,只作了小的改动,主要原因在于阿尔及利亚在进行法典编纂时并无足够的阿拉伯语的法律词汇系统以及相应的法律问题,而埃及在这方面提供了现成的范本,采用它可节约成本。③ 这部法典的编成并成为法律,是办成了法国人未办成的事情。它当然导致废除双轨制的法院系统,把它们统一为西方式的法院系统。但民法典仍然为传统的伊斯兰法留出了地盘,其第 1 条第 2 款规定:"在法无明文规定时,法官可根据伊斯兰法的规则作出判决;如无此种规则,可根据习惯作出判决。"它限制利息和射幸合同,只调整财产关系和人格关系,身份关系由 1984 年颁布的《家庭法典调整》。④ 这些安排都是伊斯兰性质的。

《阿尔及利亚民法典》共 1003 条,其基本结构为:

第一编是一般规定。第一题,法律的适用及其效力。像《埃及民法典》一样,这一题涉及法律在时间上和空间上的冲突,异想天开地把关于国际私法的规则容纳其中。第二题是关于民事主体的,规定了自然人和法人。这是《阿尔及利亚民法典》所从属的埃及模式的特点,它不像其他伊斯兰国家的民法那样把人格和身份关系都划入一个独立的个人身份法典,而只把身份关系划入,保留人格关系于民法典中。这种类型的民法典更接近于其罗马法蓝本,使人可

---

① [阿尔及利亚]《本·贝拉言论集(1962 年 9 月—1965 年 2 月)》,无名氏译,世界知识出版社 1965 年版,第 4 页、第 312 页、第 366 页。

② See Aahmed Aoued, Algeria:Reconciling Faith and Modernity, In Esin Orucu, Elspeth Attwooll, Sean Coyle(edited by), *Studies in Legal Systems:Mixed and Mixing*, Kluwer Law, Hague,London,Boston,1996,p. 196.

③ See Aahmed Aoued, Algeria:Reconciling Faith and Modernity, In Esin Orucu, Elspeth Attwooll, Sean Coyle(edited by), *Studies in Legal Systems:Mixed and Mixing*, Kluwer Law, Hague,London,Boston,1996,p. 197.

④ Cfr. Francesco Castro, *Saria E Diritto Romano Nella Codificazione Dei Paesi Arabi*, Isittuto per l'Oriente C. A. Nallino, Roma,1991, p. 151,pp. 279~284.

以摆脱穆斯林国家的民法典是单纯的财产法典的印象,看到在这样的法典中还有关于人格法的规定。

第二编是关于债与合同的。其第一题是债的发生根据,有法律、合同、损害行为、准合同(包括无因得利、非债清偿、无因管理)4 种;第二题,债的效力,包括实际履行、等值履行、债权的担保等内容;第三题,债的样态,有条件与期限、多数标的、复合标的等形式;第四题,债的移转,有债权转让、债务移转两个方面;第五题,债的消灭;第六题,债的证明,有书面证据、证人证言、推定、自认、宣誓等;第七题,移转所有权的合同,有买卖、互易、合伙、消费借贷、和解等;第八题,有关物的使用的合同,有租赁、使用借贷等;第九题,提供服务的合同,有承揽、委托、保管、有争议财产的保管等;第十题,射幸契约,有赌博和打赌、终身年金、保险合同等;第十一题,保证。

第三编主物权。第一题,所有权;第二题,所有权的派生权利,有用益权、使用权与居住权、地役权等。

第四编从物权或担保物权。第一题,抵押权;第二题,裁定抵押权,这是一种通过法院的诉讼活动设立的抵押权;第三题,质押;第四题,优先权,包括一般规定和各种优先权两章。

这一结构具有鲜明的特点,作为法国的前殖民地,阿尔及利亚受法国法律文化影响自然更大,《阿尔及利亚民法典》却采用了德国式的债法前置于物权法的结构设计;其次,它把大陆法系各国民法典中统一的物权编一分为二,形成主物权与从物权或担保物权两编。这种安排不知所本,但从发生根据的不同来看却有其理。主物权通常皆非以契约方式设定的权利,而从物权都是以契约方式设定的,正因为两种物权有这样的不同,存在一种把它们分开的趋势,例如,1960 年的《埃塞俄比亚民法典》就把担保物权规定在第五编合同分则中,把主物权规定在第三编物中,《阿尔及利亚民法典》把它们规定为物权的两编,以另一种方式表现了这一趋势。

必须说明的是,这一结构及其基本内容都来自于 1948 年的《埃及民法典》,其作者为阿卜德·阿尔·拉扎克·阿尔·桑胡里(Abdel Al-Razzak Al-Sanhuri,1895—1971),他留学法国出身,是法国著名罗马法和民法学家爱德华·兰贝赫的学生,在法国取得法学博士学位并在那里受到比较法的熏陶。因此,《埃及民法典》不仅受到法国的影响,而且也参考了其他国家如瑞士、前联邦德国、意大利和日本等国的某些法律原则,并把它们与伊斯兰法传统结合起来。

　　《埃及民法典》从关于法的一般规定的序编开始,往后是两个正编。第一编是债与合同。把债置于物之前,我们在这里可以看到德国学说的影响;第二编是物,规定了所有权和他物权。在关于所有权的取得方式的规定中,涉及了继承法。此外,《埃及民法典》还有一些创新,例如,创造了无因得利的概念,把传统民法中的无因管理和不当得利融为一炉。按照这种体例,无因得利行为包括受非债清偿和受事务管理两种情况。所谓的无因得利,指任何有识别能力的人,无正当原因使自己得利并造成了他人之损害的情况,为此他要在得利的范围内就赔偿后者因财产的减少引起的损害承担责任。即使得利的客体灭失,这样的债依然维持。① 此外,《埃及民法典》还不顾伊斯兰法的影响规定了射幸契约和保险合同,承认利息。由于其兼收并蓄的包容性,《埃及民法典》在某种程度上青出于蓝而胜于蓝,正由于这样的成就,它在伊斯兰世界中有巨大的影响,成为主要的阿拉伯国家的民法典的蓝本,其影响范围包括阿尔及利亚、利比亚、叙利亚、伊拉克、约旦、索马里等国家。阿拉伯半岛上的国家,只有沙特阿拉伯除外,都继受了这部民法典,这标志着埃及法系的独立存在。②

　　《阿尔及利亚民法典》虽然继受于《埃及民法典》,但也对这一蓝本作了一定的改动。例如,从结构上看,把《埃及民法典》的序编改成了相当于总则的第一编;把其第二编分解为主物权与从物权或担保物权两编。从内容上看,《埃及民法典》中规定的无因得利概念《阿尔及利亚民法典》虽然接受了,但并没有把它与无因管理合并,而是分别规定了无因管理和不当得利。另外,《埃及民法典》承认的利息在《阿尔及利亚民法典》中就未得到完全的承认,而是区分借贷的不同性质定是否可取得利息。个人间的消费借贷完全不许取息(第454条)。但允许金融机构对现金存款付法定利率的利息(第455条)。金融机构的贷款也可依法定利率收取利息(第455条)。这些规定表明阿尔及利亚更愿意把伊斯兰传统与西方性的立法调和起来。从条文数目来看,《埃及民法典》凡1149条;《阿尔及利亚民法典》只有1003条。可见,《阿尔及利亚民法典》虽然以《埃及民法典》为蓝本,但也不是完全照搬这个蓝本。

---

① *Cfr. Codice Civile Somalo*, articolo 176.
② *Cfr. Francesco Castro*, op. cit. , p. 207.

二、《阿尔及利亚民法典》有特色的规定述要

在《阿尔及利亚民法典》中,不乏精彩的规定。对于当事人在缔约谈判阶段是否对交易相对人负有披露利好消息的义务,以及不履行此种义务是否构成诈欺之问题,《法国民法典》和《德国民法典》乃至于几乎所有的西方国家民法典都保持了沉默。①《阿尔及利亚民法典》是我见到的首次肯定这一义务的民法典,其第 86 条第 2 款规定:"一方当事人对事实或事物形态故意沉默,如他方知道真实情况即不会订立合同时,该种沉默构成诈欺。"这一款显然拓宽了诈欺的范围,使诈欺不仅包括积极的欺骗,而且包括消极的沉默,因而对当事人提出了更高的人性要求。作为这样的广义的诈欺的法律效果,该条第 1款规定:"一方当事人或其代理人实施诈欺行为时,如他方当事人不受诈欺即不会订立合同,则该合同可撤销。"由于是"可撤销"而不是"无效",这样的诈欺的外延尽管很广,但其后果却是意思自治性的。我认为,《阿尔及利亚民法典》第 86 条的规定,是对西方法律史上长期存在的一个立法漏洞的补正,因而是一个积极的贡献,它是伊斯兰宗教精神与世俗事务相接合的成果,它在立法中的确立,有助于人们赢得一个更美好的世界。1994 年的《魁北克民法典》第1401 条第 2 款也规定:"诈欺可以因沉默或知而不言产生。"不能排除这一规定受到《阿尔及利亚民法典》相应规定影响的可能。

《阿尔及利亚民法典》关于租赁有无比明确的规定,既反映了它对《法国民法典》的发展,又体现了其社会主义的精神。

我们知道,《法国民法典》采用罗马法的租赁概念,把租赁分为物的租赁、劳动力和技艺的租赁和牲畜租养 3 种,共设 123 个条文(第 1831 条—第 1708条),其中关于物的租赁的有 70 条(第 1708 条—第 1778 条)。现代各国普遍仅以物的租赁为租赁,《阿尔及利亚民法典》也遵循了这一路径,把其他两种罗马法意义的租赁排除在外,另设了承揽合同,设 70 个条文(第 467 条—第 537

---

① 《法国民法典》无关于这种沉默的明确条文,直到 20 世纪 70 年代,通过学说和特别法才有了对这一问题的法律规制。学说上对这一制度的采用由格斯当(Ghestin)完成;特别法上由 1971 年 1 月 15 日的第 3 号民事法律完成。*Voir Code Civil*,Dalloz,1997—1998,p. 807.

条)专门规定物的租赁,其中创新纷呈。就小的方面而言,第467条第2款规定:"在离婚的情形,法官应指定承担义务,尤其是监护子女之义务的配偶一方享有承租权之利益。"此款把承租权作为一种独立的利益赋予承担监护子女义务的配偶一方,与我国在这一问题上的无法可依状态形成对照。第468条规定在通常情况下,租赁合同的期限不得超过3年,超过的,减少为3年。这是考虑到租赁合同当事人双方的情况和社会环境总是在不断变化中,订立期限过长的合同对他们不利。我们知道,德国法院创立情势变更原则就是针对租赁合同的租价因通货膨胀而变得可笑的案型,因此,这种合同尤其关乎情势变更,故即使在短期租赁合同的存续期间亦有调整租价的必要,第473条对这一问题作了详细规定,但又在其最后一款对调整租价请求作了限制:如果"官方公布的生活费指数的变动不超过1%,不得接受修订租价的主张"。把生活费指数与租价变动联系起来,这就使如何确定应否调整租价的问题变得好解决多了。国家公务员的工作调动也经常作为一种不可预见因素导致解除已有既定租期的合同,第513条赋予了他们解除合同权而不承担违约责任。这无疑是一条具有现实意义的规定。第470条允许以货币以外的其他给付作为租金,这无疑是一项便利农村地区的承租人的规定。第504条规定了承租人就自己对租赁物所作的改良享有增值请求权或拆除权,这在民法传统的国家是老生常谈的规定,但我国却就这一问题保持法律漏洞(统一合同法第223条涉及承租人所为改良问题,却不提此等改良的归属!),致使实际生活中就对裸房所作的装修的归属问题屡屡发生纠纷,造成当事人间极大的不愉快或社会财富的极大浪费,如果借鉴《阿尔及利亚民法典》的上述规定,庶几可避免之。为了保护出租人的利益,第501条规定了他对被装备在租赁地的动产的留置权,这些动产是承租人的还是其他人的,在所不问。对后一情况的这种处理对出租人极为有利,如果承租人出于各种原因把他人的物件带入了租赁地,物件的所有人就要跟他打官司了。

就大的方面而言,《阿尔及利亚民法典》的这一部分创立了租赁地滞留权的概念。我们知道,自创立"买卖不破租赁"的原则后,承租权就开始物权化,但它是一种什么样的物权,其范围如何,却一直难以见到明确的立法规定,在我的阅读范围内,《阿尔及利亚民法典》第一个解决了这一问题。按照其规定,滞留权是租赁物的诚信占据人享有的与所有人的收回权相对抗的一种权利,有两种情况:其一,租赁合同终止后承租人在找到新的住处前对原租赁物享有的权利(第514条),此等权利可由占据人的受扶养人或与之共同生活了6个月以上的人继承,它无非体现了"居者有其屋"、不允许任何人流离失所的社会主义思想;其二,是租赁关系存续期间承租人享有的为使自己不脱离对租赁物的占有而对抗所有人的权利(第 518 条),如所有人欲维修租赁物或收回它自用(第 529 条),都必须充分满足承租人的利益才可为之。如此,承租权便作为一种物权以租赁地滞留权的名义确立起来了,这是《阿尔及利亚民法典》对世界民法宝库作出的一个贡献。

《阿尔及利亚民法典》还对于特种买卖作了丰富的规定,包括第三人财产的买卖,此等买卖原则上无效,但所有人对此承认或出卖人后来取得了标的物所有权的除外(第 397 条-第 398 条);讼争权利的买卖,规定了司法从业者不得买卖此等权利的义务(第 402 条);遗产的出售,这是以罗马法为渊源的规定;病危中的出售(第 408 条);代理人自己实施的买卖(第 411 条及以次)。这些规定调整的生活事实既然可能发生,它们就有增加法典应对特殊事件之能力的存在意义。

在这部民法典中,还有一些优秀且特别值得我国借鉴的规定。兹举例如下:

第 554 条第 1 款规定,建筑师和承揽人应在 10 年内就不动产建筑工程或其他永久性设施的全部或部分倒塌承担连带责任。此款规定了建筑物的瑕疵担保责任的期限是 10 年,责任人不仅包括施工者,而且也包括设计者,这对"豆腐渣"工程的所有参与人都不失为一个比较有效的制约。

第 599 条规定,旅店或饭店的经营人或其他类似的人员,应对在其旅店或饭店住宿的旅客或寄宿者携带的物品承担如同保管人一样的责任,但他们证明因意外事件、不可抗力、寄存人的过错或标的物的瑕疵发生的物品的灭失者除外。同样,他们应对旅客或寄宿者的物品的被盗或损坏承担责任,不论此种盗窃是由他们的雇员实施的,还是由在此等营业场所进出的外人实施的。这一规定是对罗马法中的承保责任的继承,[①]它有力地保护了消费者,这与我国旅馆的这样的告示适成对照:"贵重物品请交前台保管,否则丢失概不负责"。但《阿尔及利亚民法典》又限定了旅馆责任的范围,继续规定:"但他们仅在500 第纳尔的范围内,对现金、有价证券和贵重物品的损失承担责任,但他们

---

① 参见[意]阿尔多·贝特鲁奇著:《运送合同从罗马到意大利现行民法典的发展》,徐国栋译,载徐国栋主编:《罗马法与现代民法》(第 2 卷),中国法制出版社 2000 年版,第227 页。

在明知其价值的情况下不承担这些物的保管或无正当理由拒绝接受保管的，或损害是由其重大过失或其有过失的建议造成的除外。"为了平衡旅馆与旅客的利益，这部民法典还规定了旅馆的免责事由。第 600 条规定对持枪进行的抢劫或所有其他不可抗力事件，旅馆不承担责任。而且第 601 条规定了旅客取得赔偿的条件：他们在知道其物品被盗、灭失或毁损后，应立即将此事通知旅店或饭店经营人，如无正当理由迟延通知的，其索赔权归于消灭。这些条文对我国经常发生的住宿关系中的失物遭抢问题的责任承担作了无比明确的规定，完全值得我国借鉴。

第 824 条极为先进地就法人的主观诚信作了规定。其辞曰："1. 不知导致侵害他人之权利的权利占有人被推定为诚信，但此种不知系由重大过失造成的除外。2. 如占有人为法人，应根据其代表人应否知情来确定诚信或恶信。……"我们知道，主观诚信概念是罗马人创造的，当时考虑的主体是自然人。但现代社会法人繁多，成为与自然人并列的民事主体，法律却未考虑到它们的诚信恶信问题。而这一问题并不容易解决，因为法人的机关和成员是自然人，如果主观诚信的意思是不知，那么哪些人的不知才导致有关法人成立主观诚信？当然，要求作为法人构成成分的全体自然人都不知是一种处理，但这一处理难以操作。要求法人的代表人不知是另一种处理，这一处理易于操作并且合乎法人制度的法理：法定代表人的行为就是法人的行为。当然，《阿尔及利亚民法典》的此条来自《埃及民法典》第 965 条，所以，前者的先进性来自后者，尽管如此，前者也是世界上少有的回应了法人的主观诚信问题的条文，我尚未在采用埃及模式的民法典之外找到这样的回应。

第 852 条关于用益权的存续期限的规定富有意谓。在当事人未约定此等权利之期限的情况下，该条推定它是为用益权人的终身设定的。这一推定有时又凌驾于当事人的约定，如果用益权人的死亡发生在规定的期限届满前，用益权即消灭。这样的安排，充分体现了用益权的人身性，以事理之性质变通了当事人的约定，闪耀着智慧的火花。如果负担用益权的土地在期限届满或用益权人死亡时种有尚未收割的庄稼，怎么办？该条继续规定，用益权人或其继承人可继续享有用益权直至庄稼成熟，但应负责支付此段时期土地的租金。这样的处理合情合理，兼顾了当事人双方的利益。

第 970 条打造了诚信质权人的概念，也就是出质人无处分质物的资格时在不知资格缺失的情况下接受了此等物的质权人。按理说，此等质押因为出质人无处分权而无效，但为了保护诚信，第 970 条规定诚信质权人仍可行使其质权。这就把对诚信的保护做到家了。我研究诚信经年,此前也未见到把诚信运用于质押关系的立法例。当然,此等做法来自于《埃及民法典》,其第1118条有同样的规定。

第972条关于何时出质人可以出卖质物的规定也十分合理:"如出现出卖质物的有利机会,即使确定的质权行使期限尚未届至,出质人亦可请求法官许可其出卖质物。"实际上,不顾既定的质权行使期限把质物卖个好价钱,对当事人双方皆有利。

《阿尔及利亚民法典》对合伙与共有之关系的处理令人回味。首先,它在第416条至第449条规定了合伙,其内容十分合于大陆法系各国民法典关于这一问题的规定的传统,涉及合伙的要件、合伙的管理、合伙的效力、合伙的终止、合伙的清算与财产分配等问题。但其第713条至第772条对共有所作的漫长规定极易使人误以为其规定对象是合伙。这些条文涉及普通共有权、建筑物不动产的共有(以此解决建筑物区分所有权问题)两方面的问题。第755条规定:"共有人集体为具有民事人格的共同体。"这与关于合伙的第417条之"由于其设立行为,合伙被视为法人"的规定相映成趣,两者互证己身与对方的同一。为了管理共有,《阿尔及利亚民法典》允许共有设立共有人全会(第757条)和共有人共同体作为管理机构。这样的共有与合伙有何异哉?两者的这种纠缠关系可能要归因于曾在阿拉伯世界发生影响的奥斯曼帝国的《玛雅拉》,这部法典就是把合伙与共有当作同一物规定的。① 这样的安排,也让我们看到了以另外的方式处理合伙的可能。我们知道,合伙可以被处理成主体,有如《民法通则》的规定;也可以被处理成合同,有如多数国家民法典的规定;当然,按照《阿尔及利亚民法典》的逻辑,也可以把它处理成共有。确实,条条大路通罗马,每个问题都有多种解决方式。每个民族国家的民法典的存在价值,或许就在于开拓出解决同一问题的更多可能。

三、结　论

作为埃及法族的一个成员,《阿尔及利亚民法典》是一部富于特色的好法

---

① 参见高鸿钧:《伊斯兰法:传统与现代化》,社会科学文献出版社1996年版,第129页。

典。它的杰出性质提醒人们,在谈论民法典时,如果仅仅言必称欧美,就难免有遗珠之误。欧美的优秀民法典在其向非洲、亚洲传播、与当地文化杂交的过程中,也催生了一批青出于蓝而胜于蓝的好法典,《阿尔及利亚民法典》即为其一。它的存在是非洲人的法律智慧的一个证明。

《阿尔及利亚民法典》的译本 2002 年由中国法制出版社和金桥文化出版(香港)有限公司联合出版。10 余年来坊间售罄,为满足读者的需要,2013 年由厦门大学出版社出新版。此前,译者尹田教授对 2002 年版的译稿进行了修订,主编对改动处进行了审核,工作过程中对一些译法的处理参考了黄文煌翻译的《埃及民法典》的译文。特此说明。

是为序。

徐国栋

2001 年 6 月 7 日于胡里山炮台下

2013 年 4 月 4 日清明节重写于同一炮台下

目录

第一编　一般规定

第二编　债与合同

第三编　主物权

第四编　从物权或担保物权

第一编

一般规定

第一题　法律的适用及其效力

第1条　法律适用于与其条文的字面意义及其实质精神有关的一切事项。

法无明文规定时,法官可根据伊斯兰法的规则作出判决;如无此种规则,可根据习惯作出判决。

必要时,法官也可根据自然法和公平原则作出判决。

第2条　法律仅适用于将来,无溯及力。法律仅可由尔后颁布的法律明文废止。

但是,如果先前的法律或规则就有关事项的规定与新颁布的法律相悖,则同样发生前者被废止的效果。

第3条　日期的计算以格里高里历①为准,但有特别规定者除外。

第4条　法律自公布于《阿尔及利亚人民民主共和国政府公报》时起,适用于阿尔及利亚人民民主共和国之全部领土。

法律自颁布之次日起,在阿尔及尔具有强制力;法律自公布于登载该法律的《阿尔及利亚人民民主共和国政府公报》到达各区政府所在地之次日起,在该区范围内具有强制力。

《阿尔及利亚人民民主共和国政府公报》到达各区的日期,以如实加盖在该公报上的各区邮戳上的日期为准。

第5条　有关社会治安和国家安全的法律对于一切居住于本国者,均具有约束力。

第一章　法律在时间上的冲突

第6条　法律关于行为能力的规定适用于任何具备既定条件的人。

依先前法律具备法律上的行为能力的人,如依新法律应为无行为能力,他在先前实施的行为的效力不受影响。

第7条　涉及既往事由的新法律即刻发生效力。如果涉及时效的起算、

---

①　格里高里历(calendier grégorien),罗马教皇格里高里制定的历法。——译者注

中止或中断,其先前经过的时间以原有法律的规定为准,至新法律生效时为止。

涉及诉讼期间时,适用前款之规定。

第 8 条　法定证据①的确定,以该证据成立之时或应成立之时现行有效的法律为准。

第二章　法律在空间上的冲突

第 9 条　发生法律冲突时,对于法律关系及诉讼标的种类,适用阿尔及利亚法。

第 10 条　有关自然人身份及行为能力的法律,同样适用于居住在外国的阿尔及利亚人。当事人在阿尔及利亚签订的商业性协议发生效果之前,如当事人中一方依其本国法为无行为能力的外国人,而其无行为能力客观上难以辨认,则对其行为能力的认定及签订的协议的效力不发生影响。外国的法人、公司、合伙、基金会或其他组织在阿尔及利亚实施的行为,适用阿尔及利亚法。

第 11 条　婚姻的有效条件适用夫妻各自的本国法。

第 12 条　婚姻的效力,包括与财产有关的事项效力,以缔结婚姻时丈夫的本国法为准。

离婚,以起诉时配偶的本国法为准。

第 13 条　在第 11 条和第 12 条规定的情形下,如缔结婚姻时夫妻中一方为阿尔及利亚人,则只能适用阿尔及利亚法,但涉及结婚能力者除外。

第 14 条　夫妻之间的扶养义务适用扶养人本国法。

第 15 条　对未成年人的法定管理及对未成年人、精神病人的财产管理的基本规则,以及其他保护无行为能力人和不在人的制度,应适用保护人的本国法。

第 16 条　继承、遗嘱及其他因死亡发生的事项,适用被继承人、遗嘱人或遗赠人死亡时的本国法。

但遗嘱的形式适用遗嘱人立遗嘱时的本国法或遗嘱成立地法。其他死因处分的形式,适用相同之规定。

---

①　法定证据(preuve préconstituée)是指其证明力被预先在法律上加以规定的证据。——译者注

第 17 条　占有、所有权及其他物权的取得或丧失,不动产适用不动产所在地法,动产适用起诉时动产所在地法。

第 18 条　合同之债适用合同签订地法,当事人另有约定者除外。

但有关不动产的合同适用不动产所在地法。

第 19 条　行为的形式适用行为完成地法,或当事人共同的本国法。

第 20 条　非合意之债适用产生债务的事实发生地法。

但发生于外国的损害事实所生之债,如果损害行为依外国法为违法行为,而依阿尔及利亚法为合法行为,则前款规定不予适用。

第 21 条　前列规定,仅在特别法或阿尔及利亚参加的国际条约无不同规定时,始可适用。

第 22 条　对于多重国籍者,法官应以其实际国籍为准。

但当事人同时拥有阿尔及利亚国籍及一个或数个其他国家认可的外国国籍时,适用阿尔及利亚法。

无国籍人的准据法,由法官予以确定。

第 23 条　指向的外国法存在数个不同法域的,应依该国国内解决区际冲突的法律适用规范决定准据法。

第 24 条　依冲突规范援引的外国法,如违背阿尔及利亚的公共秩序或善良风俗,不予适用。

第二题　自然人和法人

第一章　自然人

第 25 条　自然人的权利能力始于出生,终于死亡。

活着出生的胎儿享有民事权利。

第 26 条　出生和死亡以登记为准。

如无登记或登记所载不准确时,可依有关民事身份的法律规定的形式,以其他任何方法予以证明。

第 27 条　出生和死亡登记的管理及与此相关的申报,应适用法律有关民事身份的规定。

第 28 条　任何人均应有一个姓氏及一个或数个名字。子女应随父姓。

名字应具有阿尔及利亚语音,但子女的父母为非伊斯兰教信仰者的除外。

第 29 条　姓名的取得和变更,适用法律有关民事身份的规定。

第 30 条　阿尔及利亚人的国籍,由《国籍法典》调整。

第 31 条　失踪和不在,适用家庭法的规定。

第 32 条　家庭由具有亲属关系的人组成。相互间有共同的血亲者为亲属。

第 33 条　直系亲属关系为直系尊血亲与直系卑血亲之间的关系。

旁系亲属关系为具有共同血缘但无直接从出关系的人之间的关系。

第 34 条　直系亲属的亲等应上溯至共同血亲并依各代数计算,但不包括共同血亲。旁系亲属的亲等应由卑亲属计算至共同的尊亲属,然后向下计算至另一卑亲属。每一代算作一亲等,但不包括共同的血亲。

第 35 条　夫妻中一方的亲属依同样的亲系、亲等为他方的姻亲。

第 36 条　阿尔及利亚人以其主要居住地为住所。无主要居住地者,以经常居住地为住所。

第 37 条　某人从事商业或职业活动的地点,被视为其与此等商业或职业活动有关之事务的特别住所。

第 38 条　未成年人、禁治产人、失踪人和不在人以其法定代理人的住所为住所。

但年满 18 周岁以及被视为 18 周岁者,就其实施的依法具有完全行为能力的行为,以其自己的住所为住所。

第 39 条　对于特定的法律行为的履行,当事人可选定住所。

住所的选定应采用书面形式。为履行法律行为选定的住所被视为与该行为有关的一切事项的住所,包括强制履行之诉讼,但该选定明示仅限于某些特定行为者除外。

第 40 条　一切心智健全且非禁治产人的成年人,均具有行使民事权利的完全行为能力。

成年年龄为 19 周岁。①

第 41 条　下列情形视为权利滥用:

——纯以损害第三人为目的的行为;

——为满足微不足道的利益导致第三人受损害的行为;

——为满足不法利益实施的行为。

---

①　原文如此。——译者注

第 42 条 因年幼、心智羸弱或痴呆缺乏辨认能力者,不具有行使民事权利的能力。

未满 16 周岁的未成年人,视为缺乏辨认能力。

第 43 条 到达具有辨认能力年龄的未成年人以及成年人中挥霍无度者、弱智者,具有法律规定的限制行为能力。

第 44 条 无行为能力或限制行为能力人,根据其具体情况,依照法律规定的条件和规则对之设定法定管理、监护或保佐。

第 45 条 任何人不得放弃其行为能力或变更行为能力的条件。

第 46 条 任何人不得放弃其个人自由。

第 47 条 当事人基于人格享有的固有权利遭受不法侵害时,可请求停止侵害和损害赔偿。

第 48 条 当事人的姓名权被非法剥夺或被他人非法盗用的,可请求停止侵害和损害赔偿。

第二章 法 人

第 49 条 法人包括:

——国家、省、市镇;

——具备法定条件的公立公益机构和政府机关;

——社会主义企业和集体企业、社团及法律赋予法人资格的其他组织。

第 50 条 法人依法享有除专属自然人享有的权利之外的一切权利。

法人应具有:

——财产。

——法定范围内实施民事行为的行为能力。

——住所即管理机构所在地。其所在地在外国但在阿尔及利亚从事活动的公司,根据内国法,被视为在阿尔及利亚拥有住所。

——为意思表示的代表人。

——在法院进行诉讼的权利。

第 51 条 法律依一定条件确认国有经济的和社会的企业和组织、团体以及协会和合作社,可取得或丧失法律人格。

第 52 条 国家在直接参加民事法律关系时,以财政部长为其代表。但法律对行政机关及社会主义企业有特别规定者,不在此限。

第二编

债与合同

第一题　债的发生根据

第一章　法律

第 53 条　仅因法律的直接规定产生的债,适用该法律的有关规定。

第二章　合同

第一节　预备性规定

第 54 条　合同是一人或数人应向另一人或数人为或不为一定行为的协议。

第 55 条　合同双方当事人应互为给付时,该合同为双务合同或双边合同。

第 56 条　当事人之一人或数人应向另一人或数人承担义务,而另一人或数人不承担义务时,该合同为单务合同。

第 57 条　当事人中一方以其给付作为他方应为给付之对价时,该合同为实定合同。

当事人各方应为之对价系于不确定发生之事件的发生以定输赢时,该合同为射幸合同。

第 58 条　双方当事人均须为一定给付或实施一定行为的合同,为有偿合同。

第二节　合同的条件

第一目　同意

第 59 条　当事人意思表示一致且不违背法律规定时,合同成立。

第 60 条　当事人可采用口头、文字或习惯手势,或对行为人真实意思不会留下任何疑问的举止进行意思表示。

法律或当事人不要求必须明示时,意思表示可采用默示方式。

第 61 条　意思表示在相对方知晓时发生效力。当事人收到意思表示,即被视为知晓该意思表示,有相反证据者除外。

第 62 条　表意人在其意思表示发生效力前死亡或丧失行为能力的,该意思表示仍于相对方知晓时发生效力,但该意思表示或行为依其性质对表意人产生不利者除外。

第 63 条　要约定有承诺期限时,至该期限届满前,要约人受其要约约束。承诺期限亦可根据实际情况或行为性质确定。

第 64 条　当面协商时发出的要约未定承诺期限的,如受要约人未立即承诺,要约人即不再受其要约约束。以电话或其他任何类似方式直接向相对方发出的要约,适用前款之规定。

但受要约人虽未立即回答,要约人并无任何撤回要约的表示,且受要约人在当面协商终止前作出承诺的,合同即告成立。

第 65 条　当事人就合同的全部基本条款达成协议,并将细节问题留待以后协商,且无明确表示该协商不成会导致合同无效时,合同视为成立。当事人以后就合同细节问题发生争议时,法院应依合同性质、法律规定、习惯或公平原则对之予以确定。

第 66 条　变更要约内容的承诺,视为新要约。

第 67 条　非当面订立的合同,以要约人知晓承诺的地点和时间为合同成立的地点和时间。

承诺到达要约人的地点和时间,视为要约人知晓承诺的地点和时间。

第 68 条　依行为性质、商业习惯或其他情势,要约无须明示承诺,且要约在有效期限内未被拒绝的,合同视为成立。当要约涉及当事人间已经固定的商业关系或要约纯为受要约人带来利益时,受要约人之不予回答被视为承诺。

第 69 条　在拍卖之情形,合同仅在拍定时成立。一旦他人报出更高价格,即使其报价无效,原竞买之报价亦丧失其效力。

第 70 条　一方当事人对附合合同的规定方案表示同意,即为承诺,其他事项无须双方讨论。

第 71 条　只有在合同的基本条款及订立合同的具体日期已确定时,当事人就双方或一方同意于将来订立特定合同达成的协议方具有效力。

当法律规定合同必须采用特定形式时,对当事人间的协议,适用前款之规定。

第72条 如果当事人一方拒绝订立其有义务订立的合同,经相对方请求,在订立合同的条件尤其是形式条件齐备的情况下,法院可以判决代替合同。

第73条 合同由他人代理订立时,在涉及同意的瑕疵、对行为效果的预见或对特定情势之效果的必要预见等事项上,应考虑代理人而不是被代理人的意见。

但代理人系依委托人之具体指示为代理行为时,委托人不得借口其委托的代理人不知其必须知晓的情势而推卸责任。

第74条 代理人以被代理人名义在代理权限范围内订立的合同,其产生的权利义务直接由被代理人享有或承担。

第75条 代理人订立合同时未明示其代理人身份的,合同产生的效果不能归属于被代理人,但第三人应当知道代理关系的存在,或合同效果归属于代理人或被代理人对第三人无关紧要者,不在此限。

第76条 代理人与第三人订立合同时不知代理关系已终止的,合同效果归属于被代理人或其继承人。

第77条 非经被代理人授权或认可,代理人不得以被代理人名义与自己订立合同、为自己的利益或为被代理人之外的其他人的利益订立合同,但法律或有关商事活动的规则有相反规定者,不在此限。

第78条 除依法宣告为全部或部分无行为能力者外,一切人均有订立合同的行为能力。

第79条 涉及未成年人、依法院判决或法律规定为禁治产人及其他无行为能力人的事项,适用家庭法的有关规定。

第80条 当事人因聋哑、聋盲、盲哑等残疾不能表达其意思时,法院可为他指定监护人,以便在其利益需要的行为中提供帮助。

在监护人作出帮助实施行为的决定且行为已经实施,但他事后未将该决定予以登记的情况下,可撤销其实施的行为。

第81条 当事人订立合同时发生重大错误的,可请求撤销其合同。

第82条 如果不发生错误,当事人即不会订立合同的,构成重大错误。

下列错误为重大错误:

——对当事人认为或应认为重要的标的物的品质发生错误,或对合同赖以订立的、依诚信应统摄整个交易的条件发生错误;

——对相对方身份或资格之一发生错误,且该身份或资格是当事人决定订立合同的主要原因。

第83条　相对方对法的错误,在符合第81条、第82条规定的对事实之错误的条件时,导致合同可撤销,但法律有相反规定者除外。

第84条　纯属计算或书写的错误不影响合同的效力,但应补正。

第85条　错误的受害人不得违反诚信原则利用其错误获利。如相对方已准备履行合同,则发生错误方必须受他订立的合同的约束。

第86条　一方当事人或其代理人实施欺诈行为时,如他方当事人不受欺诈即不会订立合同,则该合同可撤销。

一方当事人对事实或事物形态故意沉默,如他方知道真实情况即不会订立合同时,该种沉默构成欺诈。

第87条　第三人为欺诈时,受欺诈方仅在相对方知道或应当知道欺诈事实的情况下,才可请求撤销合同。

第88条　一方基于他方非法施加的恐惧的压力订立的合同,可因受胁迫而撤销。

依具体情形,当事人相信自己或其亲属的生命、健康、名誉或财产遭受严重、紧迫的损害危险时,胁迫得以成立。

当事人所受强迫状态的确定,应考虑其性别、年龄、社会地位、身体状况以及其他对强迫的严重程度产生影响的诸种因素。

第89条　第三人为胁迫时,受胁迫方仅在相对方知道或应当知道胁迫事实的情况下,可请求撤销合同。

第90条　如果一方当事人的债务与他从合同得到的利益或与他方的债务完全不成比例,且此种情形之成立,乃由于受损害的当事人被他方利用了他公认的轻率或过分的冲动因而缔结了合同,法官应受损害方之请求,可撤销合同或减轻此等当事人之债务。

引起前款规定之效果的诉讼应在缔结合同之日起1年内提起,逾期者法院不予受理。

有偿合同的他方当事人可采用补足法官确定的足以弥补对方损失的差额的方法,避免合同被撤销。

第91条　第90条之规定,仅在不违背法律对某些合同的损害所作之特别规定的情况下,方可适用。

第二目　标　　的

第 92 条　特定的将来之物可作为债的标的。

但有关尚未死亡的第三人之遗产的协议,即使经该第三人同意,除法律规定的情形外,也属无效。

第 93 条　如债之标的为不能之给付,合同绝对无效。

第 94 条　以不特定的物作为债的标的,应确定其种类和数量,否则无效。

但如果合同约定了确定标的数量的具体方法,则只需确定标的之种类即可。在缺乏有关标的质量的约定或质量不能根据习惯或其他实际情况确定时,债务人应交付中等质量的标的物。

第 95 条　金钱之债只能以合同约定的一定数额的金钱为标的,它不受支付时货币增值或贬值的任何影响。

第 96 条　标的违背公共秩序或善良风俗的合同无效。

第 97 条　无原因而承担义务或原因违背公共秩序或善良风俗者,合同无效。

第 98 条　如无相反证据,一切债务均被视为具有合法原因。

如无相反证据,合同表达的原因被视为真实。

当出具证明原因之虚假的证据时,主张债务具有另一合法原因的当事人应负举证责任。

第三目　合同无效

第 99 条　当法律赋予合同一方当事人撤销合同的权利时,他方当事人不得利用这一权利获利。

第 100 条　撤销合同的权利因当事人对合同明示或默示的承认而消灭。

对合同的承认溯及至合同订立之时,但不得损害第三人的权利。

第 101 条　撤销合同的权利因 10 年时效期间届满而消灭。

前款规定的时效在权利人无行为能力的情形下,自他取得行为能力之日起算;在错误或欺诈的情形下,自权利人发现其错误或受欺诈之日起算;在胁迫的情形下,自胁迫停止之日起算。但自合同订立起超过 15 年者,不得以错误、欺诈、胁迫为由撤销合同。

第 102 条　对于绝对无效的合同,任何利害关系人均可主张其无效,法院也可宣布其无效。当事人的承认不能使之成为有效。

主张合同无效的诉讼,其时效期间为 15 年,自合同订立之时起算。

第 103 条　合同无效或被撤销时,当事人应被回复至行为开始时的状态。如回复原状不能,应予相应赔偿。

但合同被撤销系因当事人无行为能力时,无行为能力人仅应负责返还其因合同履行获得的利益。

第 104 条　合同部分无效或被撤销时,仅只该部分无效,但如缺少该无效或被撤销部分则合同不能成立者,合同全部无效。

第 105 条　合同无效或被撤销为另一合同的成立条件时,视为当事人同意订立后一合同。

第三节　合同的效力

第 106 条　合同为当事人间的法律。合同仅可依当事人双方的同意或法律规定的原因而予以解除或变更。

第 107 条　合同应依其内容并以诚信履行。

合同不仅依其载明的内容对当事人产生义务,而且根据债的性质,依法律、习惯及公平原则产生该合同必要的附随义务。

第 108 条　除法律对继承关系另有规定外,合同在当事人和其财产的概括承受人之间发生效果,但依有关事项的性质或法律规定,合同不能对当事人的财产概括承受人发生效果者,不在此限。

第 109 条　就某一后来被转让给特定财产承受人的物设定的合同义务及权利,如它们为该合同的基本因素,仅在该特定财产承受人受让该物时知情的情况下,方可同时移转给该特定财产承受人。

第 110 条　对于附合合同中的不公正条款,法官可依公平原则予以变更或免除它对附合一方的约束。一切相反的约定均属无效。

第 111 条　当合同词句清晰明白时,不得弃之而以解释的方法寻求当事人的意志。

需要解释合同时,应考虑有关事项的性质及在该事项中合同当事人间依习惯应存在的忠诚和信赖,寻求当事人的共同意志,而不应拘泥于词句的字面意义。

第 112 条　发生疑问时,应作有利于债务人之解释。

但对附合合同之模糊条款的解释,不得损害附合一方的利益。

第 113 条　合同不得约束第三人,但可对第三人产生权利。

第 114 条   使第三人履行某项特定债务的承诺,不约束该第三人。如该第三人拒绝负担此等债务,作出前述承诺的人应向合同相对方作出赔偿。但他也可以通过自己履行债务免于承担此等赔偿。

但第三人接受债务约束的,该接受自他作出表示之日起生效,但他明示或默示地表示接受的效力应溯及至前述承诺作出之时的,除外。

第 115 条   向公众发出要约对特定履行给予报酬者,应向完成该种履行者支付报酬,即使后者为履行行为时未考虑或不知该报酬允诺的存在。

要约人就特定履行未定期限时,可以公告的方式撤回要约,但其撤回对已完成履行者不生效力。

主张报酬的权利应在自撤回要约的公告发出时起 6 个月内行使,逾期者其权利归于消灭。

第 116 条   当事人可以自己的名义,约定其履行约定债务所获物质利益或精神利益归第三人享有。

如无相反约定,受益第三人可依约定之效力取得权利并直接对抗应履行该指定的当事人,即对他主张应为之给付。债务人可向此等受益人行使依合同享有的抗辩权。

设约人亦可请求履行由第三人受益之给付,但合同约定该给付之履行只能由第三人请求者除外。

第 117 条   在不违背合同性质的情况下,指定人可不经债务人及其继承人同意,撤销其指定,但其撤销须在受益人向债务人或指定人为愿意接受的表示之前作出。

除非有明示或默示的相反约定,前款之撤销不免除债务人对指定人的义务。指定人可另行指定其他受益人以代替第三人,也可自行获得该行为之利益。

第 118 条   前列之指定可为合同成立时将来之个人或组织之利益,也可为不特定之个人或组织之利益,但在合同应依指定产生效果时,受益人必须是特定的。

第四节   合同的解除

第 119 条   双务合同中的一方当事人不履行义务时,他方在对债务人予以催告后,可请求履行合同,或请求解除合同并要求赔偿损失。

法官可依实际情况给予债务人一定期限。当债务之不履行部分相对于应为给付之整体无足轻重时,法官可驳回解除合同的请求。

第 120 条 当事人可以约定,在不履行合同所生之债的情形下,只要合同条款规定的条件成就及法院未阻碍或推延合同的终止,则合同确定地解除。此条款不影响催告义务之继续存在,如果合同当事人未确定催告期限,应依习惯确定之。

第 121 条 双务合同中,如果债务因履行不能而消灭,对待债务亦归于消灭,合同确定地解除。

第 122 条 合同解除后,当事人应被回复至合同订立时的状况。如不能回复原状,法院可责令有过错的当事人作出补偿。

第 123 条 双务合同中,如双方的义务均应立即履行,则一方不履行义务时,他方可拒绝履行其义务。

第三章   损害行为

第一节   自己行为所生之责任

第 124 条 任何人均应为其过错而致他人的损害承担赔偿责任。

第 125 条 无行为能力人对其致害行为具有辨别能力者,应承担赔偿责任。

但对其致害行为丧失辨别能力者,如他无担保人或受害人不能从担保人处获得赔偿,法官可考虑双方当事人的实际情况,责令加害人给予相应的赔偿。

第 126 条 数人对同一损害行为承担责任的,应承担连带损害赔偿责任。该数个加害人应平均分担其责任,但法官已确定各加害人应承担的赔偿份额的除外。

第 127 条 除非法律另有规定或当事人另有约定,行为人如能证明损害系因受害人或第三人的过错以及意外事件或不可抗力等不可归咎于自己的原因所造成的,不承担损害赔偿责任。

第 128 条 为使自己或第三人的人身或财产不受他人之损害,实施正当防卫且防卫未超出必要限度者,不承担责任。但必要时,法官可酌情确定赔偿责任。

第 129 条 政府官员及国家公务人员因执行其必须服从的上级命令的行

为致人损害的,不承担责任。

第 130 条 因避免本人或第三人遭受更大损害而致人损害者,只承担法官依公平原则确定的赔偿责任。

第 131 条 法官应根据第 182 条的规定,根据具体情况,认定受害人证明的损害赔偿的范围。如在诉讼中无法对赔偿范围作出最终认定,法官可允许受害人在一定期限内保留请求重新估计赔偿金额的权利。

第 132 条 法官应根据实际情况确定赔偿方式。赔偿金可以采用分期支付的方式或以定期金的方式支付。在这两种情形下,债务人可被强制提供担保。

赔偿为一定数额的金钱。但经受害人请求,法官可根据实际情况,通过判令加害人将受损害的物回复至其原有状态,或对不法行为的受害人完成一定的履行行为以弥补损害。

第 133 条 损害赔偿的诉讼时效为 15 年,自损害行为发生之日起算。

第二节 第三人行为所生之责任

第 134 条 根据法律的规定或约定,担任因未成年或精神及身体的状况需要监护者之监护职责的人,必须对被监护人致人损害的行为承担赔偿责任。即使加害人已丧失辨别能力,前述责任依然存在。

第 135 条 子女的致害行为,应由与他们共同居住的父亲承担责任;父亲死亡的,由母亲承担。

教师、教育人员和手艺人应对其学生和学徒在其监护期间致人损害的行为承担赔偿责任。但国家的责任将替代教师和教育人员的赔偿责任。

担任监护职责者证明自己已尽到了监护职责,或即使按要求尽到监护职责也无法避免损害之发生者,不承担责任。

第 136 条 委托人对其雇员因执行职务或基于其职务的原因实施的违法行为的致害结果,承担赔偿责任。

当委托人虽无法自由选择其雇员,但对他们具有监督、管理的实际能力时,适用前款的规定。

第 137 条 对他人行为承担责任者,有权在加害人应承担的赔偿责任范围内请求其赔偿。

第三节　物件所生之责任

第 138 条　对物行使使用、管理及检查权利的监管人被推定为责任人,应对物导致的损害承担赔偿责任。

如果物的监管人能证明损害系受害人的行为、第三人的行为、意外事件或不可抗力等不可预见的原因所致,监管人应免除责任。

第 139 条　动物管理人,即使他非为动物的所有人,亦应对动物(包括走失或脱逃的动物)致害的结果承担责任。

但管理人能证明损害系不可归咎于管理人的意外原因所致者除外。

第 140 条　以任何名义持有不动产之全部或一部及持有动产者,对发生于该不动产或动产内的火灾所致第三人的损害,仅在它在被证明火灾应推定系因其过错发生或因他应对之承担责任的人的过错发生时,始承担责任。

房屋所有人应对房屋坍塌(包括局部坍塌)之致害结果承担责任,但能够证明该事故既非基于缺乏维修、亦非基于破旧或其建筑之瑕疵而发生者除外。

遭受房屋坍塌危险之损害威胁的当事人有权请求房屋所有人采取必要措施以消除危险。如所有人不采取必要措施,前述当事人可经法院许可自行采取必要措施,费用由所有人承担。

第四章　准合同

第一节　无因得利

第 141 条　无法律上的原因,基于诚信而自他人劳务或物品获利者,应在他获利范围内向受损方赔偿损失。

第 142 条　无因得利返还请求权之诉讼时效期间为 10 年,自受损方知道其返还请求权之日起算,但在任何情况下,诉讼时效期间自权利产生之日起不得超过 15 年。

第二节　非债清偿

第 143 条　受领非债清偿的当事人应承担返还义务。

但除无行为能力人或因受胁迫为支付者外,付款方明知他无付款义务而为付款行为者,不得请求返还。

第 144 条　基于履行其目的不能实现之债或其目的已不存在之债而为之付款,受领方应予返还。

第 145 条　在期限届满前不得请求履行定有支付期限的付款义务,但对于提前支付的款项,仅不知该履行期限的债务人可请求返还。在后一种情形下,债务人有权在其损失的范围内请求受领该给付的债权人返还无因得利。

第 146 条　如付款义务由债务人之外的第三人履行,而债权人基于此项给付诚信地放弃了其权利证书,或放弃了其债权担保,或任随其对于真正债务人的债权的诉讼时效期间届满,债权人可拒绝返还所受领的给付。在此情形下,真正的债务人应赔偿履行付款义务的第三人所受之损失。

第 147 条　诚信受领非债清偿者,只承担返还他所受领款项的义务。

如受领人为恶信,则除返还所受领款项之外,还应返还自付款之日起或自构成恶信之日起非债清偿之物所生孳息或因疏忽大意未收取的孳息。

在任何情况下,受领非债清偿者都应返还自起诉之日起原物所生之孳息。

第 148 条　如受领非债清偿者为承担合同义务的无行为能力人,他仅在所获利益的范围内负责返还。

第 149 条　请求返还非债清偿的诉讼时效期间为 10 年,自权利人知道其返还请求权之日起算,但在任何情况下,诉讼时效期间自权利产生之日起不得超过 15 年。

第三节　无因管理

第 150 条　无法律上的义务,为维护他人利益而自觉主动管理他人事务者,构成无因管理。

第 151 条　管理人在管理自己事务的同时管理他人事务,而两项事务之间存在联系,不可能分别进行管理时,也可成立无因管理。

第 152 条　如果本人承认管理人实施的行为,适用委托的规定。

第 153 条　管理人应继续实施他已开始实施的行为,直至本人自己可以着手实施时止。在可能的情况下,管理人亦应通知本人接收管理事项。

第 154 条　管理人必须尽善良管理人之注意义务,对其过失承担责任。但法官可根据具体情况,适当减轻管理人因其过失应承担的赔偿金额。

如果管理人将管理事务之全部或一部委托他人负责管理,应对受托人的损害行为负责,本人亦可对受托人直接行使权利。

如果同一事务的管理人为数人,数个管理人应承担连带责任。

第 155 条　对于返还管理事务所生之收益及汇报账目,管理人应承担与受托人相同的义务。

第 156 条　管理人死亡时,其继承人应承担第 589 条第 2 款规定的受托人的继承人应承担的相同义务。

本人死亡时,管理人应继续对本人的继承人承担对本人相同的义务。

第 157 条　在管理人已尽善良管理人之注意义务的情况下,即使其管理行为不能取得效果,管理人也被视为代理人。本人应履行管理人为其利益设定的合同义务,履行管理人承诺的义务,补偿管理人基于实际情况支出的一切必要、合理的开支,赔偿管理人因管理行为遭受的损失。管理人无权就其管理行为索要报酬,但管理行为系管理人的职业行为者除外。

第 158 条　管理人如不能承担合同义务,仅在所获利益的范围内就其管理行为承担责任,但管理人的责任系因违法行为所致者除外。

本人即使不能承担合同义务,仍应承担全部责任。

第 159 条　无因管理纠纷的诉讼时效期间为 10 年,自各方当事人知道其权利之日起算,在任何情况下,诉讼时效期间自权利产生之日起不得超过 15 年。

第二题　债的效力

第 160 条　债务人被强制履行其债务。

但自然债务不得被强制履行。

第 161 条　在法无明文规定的情况下,是否存在自然债务,由法官确定之。

在任何情况下,自然债务不得违反公共利益。

第 162 条　对于以履行债务为目的自愿履行的自然债务,债务人不得请求返还。

第 163 条　自然债务可以成为民事债务的原因。

第一章　实际履行

第 164 条　经债权人符合第 180 条、第 181 条规定的催告,在可能的情况下,债务人必须实际履行其债务。

第 165 条　在不违背不动产公示有关规则的条件下,如果债的标的物为属于债务人的确定之物,则移转所有权或其他物权的债务依法产生移转所有权或其他物权的效力。

第 166 条　如移转物权的债务之标的物为仅可依其种类予以确定之物,所有权在该物被特定化时移转。

如债务人不履行债务,债权人可经法官许可,以债务人的费用取得同种类的物。债权人也可请求给付标的物之同等价值,且不影响他请求赔偿的权利。

第 167 条　移转物权的债务,包括交付标的物的义务和在交付前保存标的物的义务。

第 168 条　经债权人催告后,承担为一定给付(包括交付标的物)之义务的债务人未交付标的物时,标的物的风险由债务人承担,如风险发生于债权人为催告之前,则由债权人承担。

即使债权人已为催告,如果标的物的毁损在标的物已交付债权人即为债权人支配的情况下仍不可避免地发生,则债务人不承担风险责任,但债务人自愿承担风险责任的情形除外。

被盗物的风险,包括标的物的毁损或丢失,由盗窃人承担。

第 169 条　依协议或债务的性质,债务应由债务人本人履行时,债权人可拒绝由债务人之外的第三人所为之履行。

第 170 条　在债务人不履行债务的情况下,如债务的履行为可能,债权人可征得法官许可,以债务人的费用使债务得以履行。

第 171 条　对于为一定行为之债,如债的性质允许,法官的判决可代替权利证书,但不得违背法律、法规的规定。

第 172 条　为一定行为之债的债务人在履行债务的过程中,有义务保存标的物,谨慎地实施管理行为,如已尽到善良管理人之注意义务,即使预期的效果未能获得,其债务仍被免除,但法律或协议有相反规定者除外。

在任何情况下,债务人应对其欺诈行为或重大过失承担责任。

第 173 条　如果债务人负有不作为义务,债权人可请求制止债务人之违反此等债务的行为。债权人可取得法院之许可,以债务人的费用自行实施此等制止行为。

第 174 条 当债务的实际履行只能或只适合由债务人自己完成时,债权人可请求法院责令债务人履行其债务并支付违约金。

法官发现违约金数额不足以促使债务人履行义务时,可将之增加至必要的数额。

第 175 条 当债的实际履行已完成或债务人拒不履行债务时,法官应根据债权人遭受的损失以及债务人的过失,确定债务人应支付的赔偿金数额。

第二章 等值履行

第 176 条 如实际履行已属不能,应责令债务人赔偿因不履行其债务产生的损失,但债务人能证明履行不能系不可归咎于自己的原因所致者除外。前述规定同样适用于债务履行迟延的情形。

第 177 条 如果债权人因过失导致损失的产生或扩大,法官可减少赔偿金额或确定不予赔偿。

第 178 条 当事人可约定意外事件或不可抗力的风险责任由债务人承担。

当事人亦可约定债务人免予承担因不履行合同义务所生之一切责任,但因债务人的故意或重大过失产生的责任除外。债务人可明确表示不承担因为其履行债务而为他役使的第三人的故意或重大过失而产生的责任。

侵权责任的免责条款一律无效。

第 179 条 如无相反规定,债务人仅在已受催告的情况下,才承担赔偿责任。

第 180 条 债权人已发出催告通知或实施同类行为,或已采取现行法令规定的邮政通讯方式进行催告,或合同约定履行期限届满即视为债务人已受催告而无须其他程式时,债务人均被视为已受催告。

第 181 条 在下列情形,债权人的催告无须进行:

——债务的履行因债务人的原因成为不可能或无意义;

——债的标的为因损害事实产生的赔偿金;

——债的标的为返还债务人明知的被盗物或基于不法原因取得之物;

——债务人书面表示他不准备履行其债务。

第 182 条 如合同或法律未确定赔偿金额,法官可确定之。

赔偿金包括债权人遭受的作为债务的不履行或迟延履行正常后果的实际损失和收益的损失,此正常后果包括债权人无法避免的损害。

但对于合同义务,未犯有故意或无重大过失的债务人仅可就合同成立时通常可以预见的损害承担赔偿责任。

第 183 条 当事人可在合同中或在以后的协议中事先确定赔偿金额。在此情形下,适用第 176 条至第 181 条的规定。

第 184 条 如果债务人能证明债权人未遭受损失,则协议确定的赔偿金额不得适用。

如果债务人能证明赔偿金过高或已部分履行基本债务,法官可减少其赔偿金额。

与以上两款之规定相悖的约定无效。

第 185 条 损失超过协议确定的赔偿金额时,债权人仅在证明债务人有故意或重大过失的情况下,可请求该超过之金额的赔偿。

第 186 条 私人之间的债的标的包括其数额在起诉时才予以确定的一笔款项时,债务人仍应就债的迟延履行造成的损失承担赔偿责任。

第 187 条 在主张权利时,如债权人恶意拖长争讼期间,法官可减少协议确定的赔偿金额,或不授予不合理拖长争讼期间的全部赔偿金额。

第三章　债权的担保

第 188 条 债务人的债务应以其全部财产进行担保。

除非依法取得优先受偿权,对前款规定的债务人的担保,任何债权人均具有同等的法律地位。

第一节　实现方式

第 189 条 一切债权人,包括债务未到期之债权的债权人,均可以债务人名义行使其一切权利,但专属债务人自身的权利或不得扣押的权利除外。

但债权人只有在证明债务人放弃行使权利,且其弃权能导致或增大债务人之支付不能时,才能行使债务人的权利。债权人不必催促债务人履行债务,而随时可以债务人为被告起诉。

第 190 条 行使债务人权利的债权人是债务人的代理人。他行使此等权利取得的财产归入债务人的一般财产,用于担保全体债权人的债权。

第 191 条　到期债务的债权人,对债务人实施的损害其债权的法律行为,包括该行为致使其财产减少、债务增加,导致或增大其支付不能,在具备后述条文规定的条件之一时,可请求确认其无效。

第 192 条　债务人实施的有偿行为如存在债务人之为相对方明知的欺诈,其行为对债权人无对抗力。债务人在行为成立时明知其支付不能之状态的,即构成欺诈。

相对人知道债务人支付不能之状态的,视为知道债务人的欺诈。

相反,如果债务人实施的行为是无偿的,即使相对方为诚信,对债权人亦无对抗力。

如果受让人将受让的财产有偿转让给第三人,债权人仅在第三人知道债务人的欺诈,或受让人自己在与债务人实施有偿行为时知道债务人的欺诈,或第三人在与受让人实施无偿行为时知道债务人支付不能的情况下,方可主张债务人之行为对他无对抗力。

第 193 条　主张其债务人支付不能的债权人,仅需证明其债务的数额,而债务人应就其资产的合法性及其资产超过负债承担举证责任。

第 194 条　一旦行为被确认对债权人无对抗力,则由此产生的利益应由因此等行为遭受损失的全部债权人分享。

第 195 条　如果支付不能的债务人之财产的受让人未支付价金,只要该价金符合通常的价格且受让人已将之提存于国库,则受让人可避开债权人之诉讼的结果。

第 196 条　单独给予债权人之一以不合法的优先受偿权的欺诈行为,仅导致该优先权无效。

如果支付不能的债务人在原定期限届满前向其债权人之一清偿债务,此行为对其他债权人无对抗力。即使清偿行为发生于履行期限届满之后,但如果就该行为的实施,债务人与受领清偿的债权人均存在故意,则该行为仍无对抗力。

第 197 条　确认行为无对抗力的诉讼时效期间为 3 年,自债权人知道行为无对抗力时起算。在任何情况下,诉讼时效期间自行为实施之日起不得超过 5 年。

第 198 条　在发生假装行为之情形时,合同当事人中的债权人和特定名义的相续人为诚信的,可以主张成立表见行为。

第 199 条　如表见行为掩盖一项物权行为,该物权行为仅在合同当事人及其概括名义的权利义务承受人之间发生效力。

第二节　留置权

第 200 条　如果债权人不履行应由他履行的债务,且该债务与债务人的债务存在因果关系和关联,或债权人未就他债务的履行提供足够的担保,承担给付义务的债务人可拒绝履行其给付。

对某一物品的占有人或持有人,为该物品支出了必要、有益的费用的,享有前款规定的权利。该物品可被留置至有关费用被清偿时为止,但返还物品的义务因违法行为而产生者除外。

第 201 条　留置权并不导致债权人的优先权。

留置权人应依质押的有关规定保管标的物,并返还孳息。

对于易损耗或易损害的物品,留置权人可根据第 971 条之规定请求法院许可他将之出卖。在此情形下,留置权即转化为对被出卖物之价金的留置权。

第 202 条　留置权因丧失占有或持有而消灭。

但因不知情或非因其自愿而丧失占有或持有的留置权人,可自他知道其丧失占有或持有之时起在 30 日内请求返还标的物,但自丧失占有或持有之日起超过 1 年者,不在此限。

第三题　债的样态

第一章　条件和期限

第一节　条　件

第 203 条　如果债的成立或消灭取决于将来可能发生之事件,为附条件之债。

第 204 条　附不可能实现或违背公序良俗之停止条件的债,视为不成立。如果解除了停止条件,则该债为单纯之债。

附有违背公序良俗之解除条件的债,如果此等条件是债的决定性原因,债不成立。

第 205 条　所附停止条件之成就取决于仅依债务人的意愿的债务之存在时,债不成立。

第 206 条　附停止条件之债,仅在条件成就时,方成为可强制履行之债。

在其条件成就前,债既不得强制履行,也不得自愿履行。但债权人可实施保全措施以保护其权利。

第 207 条　所附解除条件成就时,债归于消灭。债权人应返还其所得利益,如果因债权人的原因导致返还不能,债权人应赔偿因此造成的损失。

但条件的成就不影响债权人已实施的管理行为的效力。

第 208 条　条件成就的效力溯及至债成立之时,但依当事人的意思或合同性质,债的成立或消灭应发生在条件成就之时者除外。

但在条件成就之前,债的履行因不可归咎于债务人的原因成为不可能时,条件的成就不具有溯及力。

第二节　期　　限

第 209 条　债的生效或失效系于将来确定发生之事项者,为附期限之债。

作为期限的事实只要必然发生,即使不能预见其发生的时间,仍具有确定性。

第 210 条　如果合同规定债务人在他能够或者有支付能力时才履行债务,法官可根据债务人现时及将来的收入情况为之确定适当的履行期限,并要求债务人尽善良家父之注意义务。

第 211 条　在下列情形下,债务人丧失其期限之利益:

——债务人被依法宣告破产。

——基于债务人的原因,包括根据他以后实施的行为或根据法律的规定,债务人对债权人设定的特别担保明显减少。但债权人愿意请求提供补充担保者除外。

——如果担保的减少是基于不可归咎于债务人的原因,债所附期限失效。但债务人另行提供了足够担保者除外。

——债务人未向债权人提供合同约定的担保。

第 212 条　附始期的债自期限届至时生效。但债权人可在期限届满前为保护其权利采取保全措施。尤其在债权人担心债务人陷于破产且对此加以证明的情形下,债权人可请求债务人提供担保。

附终期的债自期限届至时消灭,但此等消灭不具有溯及力。

第二章 多数标的

第一节 选择之债

第 213 条 债的给付为多种标的而债务人仅需给付其中之一时,为选择之债。如法律或合同无相反规定,选择权属债务人。

第 214 条 选择权属债务人时,如债务人怠于选择或多数债务人之间不能达成协议,则债权人可请求法官为债务人确定一个作出选择的期限或消除他们间的分歧的期限;如果期限届满债务人仍未选择,法官可自行确定债之标的。

选择权属于债权人时,如债权人怠于选择或多数债权人之间不能达成协议,应债务人之请求,法官可为之确定选择期限,该期限届满时,选择权转归债务人。

第 215 条 选择权属债务人时,如作为债之标的的多种给付均不能履行,只要债务人就多种给付中之一的不能履行负有责任,债务人即应支付最后一项不能履行之给付的价金。

第二节 任意之债

第 216 条 如债务人仅应为一种给付,但他有权以他种给付使自己免责者,为任意之债。

债的标的是债务人应为之给付而非债务人使自己免责的给付。债的性质依该标的予以确定。

第三章 复合标的

第一节 连带之债

第 217 条 债权人之间的连带债权或债务人之间的连带债务依协议或法律规定产生,不适用推定。

第 218 条 债务人可向连带债权人中之任何一人履行债务,但连带债权人中之拒绝接受履行者除外。

债权的连带性质不影响债权在连带债权人的继承人之间进行分割,但连带债权自身性质为不可分者除外。

第 219 条　连带债权人可共同或分别对债务人起诉,但应考虑影响各个债权人关系的限制性规定。

当连带债权人之一对债务人起诉时,债务人不得以对其他债权人享有的抗辩事由对该债权人提出抗辩。

但债务人可以对起诉的债权人及对全体债权人提出的抗辩事由对之提出抗辩。

第 220 条　基于履行债务之外的原因,债务人对连带债权人之一的债务被免除时,在该债务的范围之内,债务人对其他债权人的债务也被免除。

任何连带债权人不得实施有损其他债权人利益的行为。

第 221 条　连带债权人之一受领的给付属于全体债权人,应根据协议在债权人中进行分配。

如协议或法律无相反规定,分配应采用平均分配原则。

第 222 条　连带债务人之一履行了全部债务,全体债务人的债务即被免除。

第 223 条　债权人可对全体连带债务人或分别对各连带债务人起诉。但应考虑影响各个债权人关系的限制性规定。

被诉请履行债务的债务人不得以其他债务人拥有的抗辩事由对债权人提出抗辩,但可以自己和全体债务人共同拥有的抗辩事由提出抗辩。

第 224 条　债权人与连带债务人之一所为的债的更新导致免除其他债务人的债务,但债权人对其他债务人保留了相反权利者除外。

第 225 条　连带债务人不得以债权人应对其他债务人所为给付与自己的债务份额主张抵销。

第 226 条　当债权人与某一连带债务人发生混同时,在该债务人债务份额的范围内,其他债务人的债务归于消灭。

第 227 条　当债权人同意免除连带债务人之一的债务时,除非债权人有明确表示,其他债务人的债务即得以免除。

债权人如无明确表示,仅可在扣减所免除债务的份额之后对其他债务人起诉,但债权人保留其就全部债务对抗债务人的权利者除外。在此等情形下,其他债务人可就被免除债务的债务人的债务份额向该债务人进行追偿。

第 228 条 债权人同意免除连带债务人之一的连带责任时,如无相反约定,他请求其他债务人履行全部债务的权利仍然有效。

第 229 条 在债务免除及连带责任免除的情况下,如果出现债务人支付不能的情形,其他债务人可就被免除债务或免除连带责任的债务人依第 235 条的规定应分担的债务份额对他进行追偿。

但债权人表示免除债务人之一的全部债务时,该债务人因其他债务人支付不能应分担的债务份额,由债权人承担。

第 230 条 如果连带债务人之一的债务因时效期间届满而消灭,其他共同债务人不能利用此等诉讼时效从该债务人的债务份额获利。

如果连带债务人之一的债务的时效期间发生中止或中断,其效力不能及于其他债务人。

第 231 条 在履行债务时,各连带债务人仅可以本人具有的抗辩事由提出抗辩。

对连带债务人之一实施的债务履行催告或起诉,对其他债务人不发生效力。

但连带债务人之一向债权人所为之履行催告之接受,则对其他债务人发生效力。

第 232 条 连带债务人之一所为之债务承认,不得约束其他债务人。

如果连带债务人之一拒绝听取对他作出的宣誓或请求债权人和对他作过宣誓的人宣誓,被拒绝的宣誓或作出的宣誓不得损害其他债务人的利益。

如果债权人接受连带债务人之一的宣誓,其效力及于其他债务人。

第 233 条 就连带债务人之一的事项作出的判决,不得约束其他债务人。

如果上述判决有利于该债务人且非基于该债务人个人人身之事项作出,则其他债务人有权援引。

第 234 条 连带债务人之一如履行了全部债务,可通过代位方式行使债权人的权利,对其他债务人追偿他们各自在债务中的份额。

除非协议或法律有相反的规定,连带债务人应平均分担债务。

第 235 条 如果连带债务人之一支付不能,其债务份额应由履行债务的债务人及所有其他有清偿能力的债务人分担。

第二节 不可分之债

第 236 条 不可分之债包括:

——依其性质,债的标的为不可分物;

——依当事人追求的债之目的或依当事人的意思,债的履行不得分割进行。

第 237 条 如为不可分之债,多数债务人中的任何一人均应履行全部债务。

除非出现相反情势,履行债务的债务人有权向其他共同债务人就其债务份额进行追偿。

第 238 条 如存在多个债权人或一个债权人有多个继承人,债权人或债权人之继承人的任何一人均可受领不可分之全部债务。如果债权人或债权人的继承人之一拒绝受领,债务人应向全体债权人当面履行或将债的标的予以提存。

未受领给付的债权人有权就其债权份额向受领给付的债权人进行追偿。

第四题 债的移转

第一章 债权转让

第 239 条 债权人可向第三人转让其债权,但依法律规定、当事人协议或债的性质不得转让者除外。债权之转让毋须征得债务人同意。

第 240 条 只有可强制执行的债权可以转让。

第 241 条 债权转让仅在债务人接受或对他以非讼文书予以通知的情况下,才对债务人或第三人具有对抗力。

但债务人的接受仅在确定期日作出时,方可对第三人具有对抗力。

第 242 条 在发出债权转让通知之前或接受债权转让之前,债权受让人可采用任何保全措施以保护他受让的权利。

第 243 条 债权转让时,它设定的担保权利包括保证、优先权、抵押权、质权以及过期之未付款项①随之转让。

第 244 条 如无相反规定,对于有偿转让之债权,让与人仅就转让时债务

---

① 如年金、债券过期之未付款项。——译者注

之存在负担保责任。

对于无偿转让之债权,让与人对债权之存在不负担保责任。

第 245 条 如有特别约定,债权让与人应对债务人的清偿能力负担保责任。

如债权让与人对债务人的清偿能力负担保责任,在无相反约定的情况下,他仅对债权转让时债务人的清偿能力负担保责任。

第 246 条 当债权受让人根据第 244 条及第 245 条之规定,向负有担保责任的债权让与人进行追偿时,如无相反约定,债权让与人仅应就他受领的价金负责偿还。

第 247 条 债权让与人就其个人行为承担责任,包括无偿让与或无担保作出的让与。

第 248 条 让与之债权的债务人,可依债权让与时他可对债权让与人行使的抗辩权对债权受让人主张抗辩,亦可就债权让与合同的缺陷主张抗辩。

第 249 条 当出现以同一债权为让与标的之数个债权让与合同时,先于其他合同对第三人具有对抗效力的让与合同具有优先效力。

第 250 条 在债权转让对第三人尚不具有对抗力之前,如对债务人的一项支付已经实施扣押,则对于财产扣押人,该债权转让等同于扣押。

在上述情形,如债权转让对第三人具有对抗力之后,另一项支付又被实施扣押,则第一扣押人、债权受让人和尔后的扣押人之债权应按比例受偿;但应从尔后的扣押人的受偿份额中,扣除必要的金额以补足债权受让人为受让债权支出的金额。

第二章　债务移转

第 251 条 债务移转,根据债务人与代替债务人承担债务的第三人间的协议产生。

第 252 条 债务移转仅在债权人同意的情况下,方对之具有对抗力。

在债务承担人或原债务人将债务移转通知债权人且对他同意确定了合理期限的情形,如果债权人在该期限届满前未予答复,视为他拒绝同意债务移转。

第 253 条 只要债权人未表示反对或拒绝同意债务移转,则原债务人有权要求债务承担人依规定的时间向债权人履行给付义务,但协议有相反约定者除外。这一规定同样适用于债权人以后拒绝同意债务移转的情形。

但如原债务人未向债务承担人履行债务移转合同约定的义务,则原债务人无权请求债务承担人对债权人履行义务。

第254条 债务移转时,为之设定的担保义务亦随之移转。

但无论物的担保或人的担保,仅在担保人同意债务移转的情况下,方可为债权人所主张。

第255条 如无相反约定,原债务人应对债权人为同意之时债务承担人的清偿能力承担担保责任。

第256条 债务承担法官可以原债务人拥有的抗辩事由及根据债务移转合同拥有的抗辩事由,对债权人主张抗辩。

第257条 债务移转可根据债权人和债务承担人之间关于债务承担人代替原债务人履行义务的协议产生。在此种情形下,适用第254条及第256条之规定。

第五题　债的消灭

第一章　给　付

第一节　给付主体

第258条 债的给付可由债务人为之,也可由债务人的代理人或其他利害关系人为之,但不得违反第170条之规定。

如不违反第170条之规定,在债务人不知情或表示同意的情况下,债的给付也可由与债务人无利害关系的他人为之。但如果债务人表示反对且将之告知债权人,则债权人可拒绝受领此等第三人所为之给付。

第259条 如果债务由第三人履行,则第三人在其所为给付的范围内可向债务人进行追偿。

但即使已经履行债务,如果债务人能证明他就拒绝履行债务具有某种利益,则债务人可拒绝向履行债务的第三人为全部或部分之补偿。

第260条 债的给付,仅在给付一方为给付之标的物的所有人且有处分能力时,方为有效。

第 261 条 在下列情形下,履行债务的第三人取代债权人成为债务人的债权人:

——第三人与债务人共同承担了债务人的债务或为债务人承担了债务。

——第三人为债务人的普通债权人,他向债务人的基于物的担保而享有优先权的其他债权人履行了义务。

——第三人在受让债务人的不动产时,向享有设定于该不动产的担保权利的其他债权人支付了该不动产的价金。

——法律之特别规定赋予第三人以代位权。

第 262 条 受领第三人给付的债权人可依他与第三人的协议,将享有的权利移转给第三人,毋须征得债务人的同意。但此等协议只能订立于第三人为给付之后。

第 263 条 当债务人借用他人金钱清偿债务时,即使无债权人的同意,只要借贷行为明示该借款系用于清偿债务,且收据中明示所收款项系由出借人的款项支付,则出借人同样成为债权人的代位人。

第 264 条 根据法律或协议成为代位债权人的第三人,在他代为清偿的金额得到补偿前,享有债权人享有的全部权利,包括从属权利、担保权利及抗辩权等。

第 265 条 如无相反约定,向债权人为部分给付的第三人,在该部分给付范围内取得代位债权,但该部分给付不得损害债权人的利益,债权人仍可先于此等第三人请求债务人履行其余债务。

如另一第三人向债权人履行了剩余的债务,则他应与前一第三人一起,就债务人的财产按比例受偿。

第 266 条 偿付了所有的被抵押之债并取得了债权人之代位权的债务人之外的第三人,不可根据其代位权对第三占有人要求以为同一债务被抵押的另一不动产按照后者占有的不动产的价值的比例偿付他在债务中的份额。

第 267 条 债务应向债权人或其代理人履行。向债务人出具债权人签发的已受部分履行之证书者,被视为有权受领给付,但当事人约定债务必须向债权人本人履行者除外。

第 268 条 债务人的债务不因向债权人及其代理人之外的第三人的履行而消灭,但经债权人同意,或债权人获得了最终的利益且此等利益的数额符合合同规定,或债务人出于诚信向债权占有人①为履行者,不在此限。

第 269 条　如债权人无正当理由拒绝受领正常履行的债务,或拒绝实施为债务得以履行所必要的行为,或声明不接受债务之履行,债权人自他拒绝被证明之时起,经法定形式的催告,构成迟延受领。

第 270 条　迟延受领的债权人应承担标的物意外灭失的风险责任,债务人有权以债权人的费用支付标的物保管费并有权请求债权人赔偿他由此遭受的损失。

第 271 条　如债之标的为特定物,债务人可经司法程序将之提存。如标的为不动产或依其用途不得移动之物,债务人可请求将之作为承受争议财产进行保管。

第 272 条　经法院许可,债务人可以公开拍卖方式出售易腐烂衰败的标的物或需过高保管费用的标的物,并将其价款提交国库保存。

如标的物具有市场价格,仅在不低于市场价格的情况下,方可将之拍卖。

第 273 条　提存及其他类似措施同样可适用于下列情形:

——债务人不知道债权人的身份或住址;

——债权人全部或部分丧失行为能力且无代理人可为之代为受领给付;

——债权为数人之争议标的;

——出现其他必须采用提存及其他类似措施的重大事由。

第 274 条　在符合民事诉讼法规定的情况下,采用提存或其他类似措施交付实物,等同于债务人履行债务。

第 275 条　债务人以提存或类似措施为给付时,如债权人不予接受,或提存及类似措施的效力未得具有既决案件强制力之判决的认定,则债务人可收回其给付。在此种情形下,不得免除其共同债务人及担保人的责任。

但如债务人在提存或类似措施为债权人接受或其效力为判决认定之后收回其给付,且为债权人所接受,则债权人丧失其为保证债权实现而设定的担保权。在此种情形下,免除共同债务人及担保人的责任。

第二节　给付标的

第 276 条　给付应按与规定相同之标的物履行。不得强迫债权人接受

---

①　债权的占有(possession de la créance)指具有享有债权的事实状态,不论占有人是否为真正的债权人。——译者注

其他标的物,即使它具有与规定之标的物相同的价值或更高的价值,亦同。

第 277 条 除协议或法律有相反规定外,债务人不得强迫债权人接受债务的部分履行。

如债务部分被确定且债权人同意接受其债权已被确定之部分的履行,债务人不得拒绝履行该部分债务。

第 278 条 债务人除应偿付主债金额外,还应偿付费用的,如其偿付不能完全满足主债金额及从债,该给付应首先抵充费用,其次抵充主债金额,但另有约定的除外。

第 279 条 如债务人应对同一债权人履行同种类的数项债务,如其所为给付不足以清偿全部债务,只要就此等指定无法律或协议的障碍,债务人有权指定其给付所欲清偿的债务。

第 280 条 在第 279 条规定的情况中,债务人未作选择时,如数项债务即将到期,他应给付抵充到期之债务或负担最重之债务。

第 281 条 除非另有约定或法律另有规定,债一旦确定地构成债务人的消极财产,债务人即应履行给付。

但法官可根据债务人的实际处境和经济情况,酌情允许债务人延缓一定期限履行其债务,但该期限不得超过 1 年。对于延缓履行之债务,一切条件均保持原状。

在紧急情况下,前款规定之权力由有关法官在诉讼的任何阶段行使。

如果诉追执行的期限被延长,《民事诉讼法典》就执行程序的效力规定了延期,则债的履行中止至法官同意的延展期限届满。

第 282 条 除协议或法律有相反规定外,如债之标的为特定物,债务应在债务发生之时标的物的所在地交付。

其他债务应在债务履行时债务人住所地履行或作为债务人的企业所在地履行。

第 283 条 如无相反约定或法律规定,履行债务所需之费用由债务人负担。

第 284 条 履行部分债务的当事人有权请求就依债权证书记载内容所为之给付出具收据,在已全部清偿债务的情况下,还有权请求交回债权文书或使其作废。如债权文书遭遗失,他可请求债权人出具书面声明以证明该债权文书的遗失。

如债权人拒绝执行前款之规定,债务人可将标的物提存。

第二章 相当于给付的债的消灭方式

第一节 代偿履行

第 285 条 债权人接受债务人以不同于到期给付的其他给付作为对其债权的清偿时,此等代偿取代清偿。

第 286 条 当事人以移转标的物所有权取代到期给付时,法律有关出售的规定(尤其是关于当事人的行为能力、标的物追夺担保及隐蔽瑕疵的规定)适用于此等代偿履行。法律关于债的履行的规定(尤其是关于保证责任的承担和消灭的规定),适用于以代偿履行方式消灭债。

第二节 债的更新与债的承担

第 287 条 下列情形为债的更新:

——债务的变更,即双方当事人约定,以另一标的或发生根据不同的新债取代原债;

——债务人的变更,即债权人与第三人约定,毋须原债务人的同意,由第三人取代原债务人而后者的债务归于消灭,或债务人使债权人同意接受第三人为新债务人;

——债权人的变更,即债权人、债务人及第三人约定,以第三人为新债权人。

第 288 条 债的更新,仅在原债与新债均不存在任何无效原因时方为成立。

如原债产生于可撤销合同,债的更新,仅在同时为了确认该合同和取代原债而承认了新债时,方可有效。

第 289 条 债的更新不适用推定,须以明示方式约定或直接因情势而产生。

除有相反约定外,债的更新尤其不能因签署既存债务的票据而发生,亦不能仅因对债务履行的时间、地点或履行方式的变更而发生,亦不能因变更债的保证而发生。

第 290 条 仅将债务记录于往来账户之中,不构成债的更新。

但已结算并被承认的账目,构成债的更新。然而,除非有相反的约定,如果该债务由特殊的保证方式担保,则该保证方式将被保留。

第291条 债的更新的效果,为原债及其从债的消灭并被新债所取代。

担保原债之履行的保证并不担保履行新债,法律另有规定或当事人另有相反意思的协议或情势的,不在此限。

第292条 如债务人为担保原债提供了物的担保,当事人所订立的移转此等担保于新债的协议应符合下列规定:

——如债的更新因债务变更而发生,债权人和债务人可约定,此等担保在不造成第三人损害的条件下移转于新债;

——如债的更新因债务人变更而发生,无论原债务人是否同意,债权人和新债务人可约定此等物的担保继续维持;

——债的更新涉及债权人的变更的,三方当事人可约定维持原来的担保。

移转物的担保的协议,仅在与债的更新同时作成且不违背法律有关不动产公示之规定的情况下,方可对第三人产生对抗力。

第293条 物的担保或人的担保及连带责任,仅在担保人及其他连带债务人同意的情况下,方可移转于新债。

第294条 经债务人请求,债权人同意由第三人取代债务人地位履行债务时,为债务承担。

债务承担不必以债务人与第三人之间存在一项债务为前提。

第295条 发生债务承担时,如当事人约定以一项新债代替原债,此等承担等同于因债务人变更发生的债的更新。债务承担时,只要债务承担人保证新债的有效性且他在承担债务时具有清偿能力,则原债务人对债权人的债务即被免除。

但债务承担不得被推定为债的更新。如无有关债的更新的协议,原债与新债同时存在。

第296条 除非有相反的协议,即使原债务人之债务无效或受制于抗辩,该新债务人对债权人的债务仍为有效,但新债务人可诉追原债务人。

第三节 债的抵销

第297条 债务人有权以债权人应向他为之给付抵销他应向债权人所为之给付,即使该两项债务的原因不同,只要该两项债务之标的均为金钱或为同种类、同质量的可替代物,且均具有确定性、等值性、可要求交付性,并可成为法律行为之标的,抵销即可成立。

经法官许可或债权人同意发生的延期给付,不构成抵销的障碍。

第 298 条 当两项债务之履行地不在同一地点时,债务人可实施债的抵销,但在此种情形,债务人应赔偿债权人因债的抵销导致的不能在特定地点接受或实施给付导致的可证明的损失。

第 299 条 无论债基于何种根据发生,均可成立债的抵销,但下列情形除外:

——两项债务之一的内容是向遭受不法侵害的所有人返还财产;

——两项债务之一的内容是返还保管或借用的标的物;

——两项债务之一构成不可强制履行之债权。

第 300 条 如果利害关系人提出反对,不发生债的抵销。当事人不得预先放弃抵销权。

用于抵销的两项债务,在最小数目之债务的范围内归于消灭。债一经抵销,如同债务的履行,当事人可将之作为履行记入其会计账目。

第 301 条 当事人于债权的时效正在进行的期间提出抵销的,一旦抵销成为可能且债权的时效期间尚未届满,抵销即为成立,时效之抗辩对此不发生影响。

第 302 条 抵销之发生,不得损害第三人已取得的权利。

如果债务人在第三人对他实施一项支付扣押后成为其债权人的债权人,他不得为损害扣押人而主张抵销。

第 303 条 如债权人将其债权让与给第三人,无条件接受这一债权让与的债务人不得再对受让人提出在他接受债权让与前可提出的抵销,他仅可向让与人行使其债权。

但未接受债权让与且被通知此等债权转让的债务人,尽管有此等让与,亦可主张抵销。

第四节　债的混同

第 304 条 同一债务之债权人与债务人的两个身份归属于同一人时,债在发生混同的范围内消灭。

当混同的原因溯及既往地消灭时,债及其从债恢复其对一切利害关系人的约束力,混同视为从未发生。

第三章　债非经履行的消灭

第一节　债的免除

第 305 条　债因债权人所作的自愿免除而消灭。债的免除自债权人免除的意思表示为债务人知晓时起成立,但如债务人表示拒绝,则债的免除不成立。

第 306 条　债的免除,适用法律有关赠与的基本规定。

即使债的成立根据法律规定或当事人的约定采用了特殊形式,债的免除也无须采用任何特殊形式。

第二节　债的履行不能

第 307 条　债因不可归咎于债务人的原因而履行不能时,债归于消灭。

第三节　时效

第 308 条　除法律特别规定的情况或出现下面规定的例外情形外,债因15 年的时效而消灭。

第 309 条　所有的定期或可展期支付之租金、过期未付款、工资、报酬及养老金的债权,即使得到债务人的承认,也因 5 年的时效而消灭。

但恶信占有人返还孳息、共有财产管理人对受益人返还孳息的时效期间为 15 年。

第 310 条　内科医生、外科医生、牙医、护士、药剂师、律师、工程师、建筑师、专家、公司及社团理事、经纪人、教授或教师及学生因从事其职业工作获得报酬或获得费用的债权,其时效期间为 2 年。

第 311 条　国家对税费的征收,其时效期间为 4 年。年度税费的时效自应当征收完毕之时起开始计算。征收诉讼文件之规费的时效期间,自有关确立该诉讼文件的诉讼争议终止之日起开始计算。如无争议,则自诉讼文件确立之日起开始计算。

请求退回不法征收之税费的权利的时效期间仍为 4 年。此时效期间自支付之日起开始计算。

前列规定可在不违背特别法有关规定的情况下适用。

第 312 条　下列债权的时效期间为 1 年：

——销售商、制造商请求非从事商业活动者支付所提供的商品价款的权利，旅馆、餐饮经营者请求顾客支付食宿费、伙食费或为顾客垫支费用的权利；

——工人及其他领取工资者请求支付报酬的权利。

援引 1 年之时效的当事人应就其债务事实上已经履行进行宣誓。法官依职权听取此项宣誓。如债务人已死亡，应听取其继承人的宣誓；如债务人为未成年人，应听取其监护人的宣誓，前列当事人仅须声明他不知道债务的存在或知道债务已经履行即可。

第 313 条　第 309 条和第 311 条规定的债权的时效，自债权人完成其给付之日起算，即使此等债权人继续提供了其他给付者，亦同。

此等债权之一可以书面文件证明时，其时效期间为 15 年。

第 314 条　时效期间以日而不以小时计算。开始之日不计入，最后 1 日经过后，时效期间方为届满。

第 315 条　除法律有特别规定外，时效自债权可行使之日起开始计算。

应特别注意的是，附停止条件的债权，自停止条件成就之日起开始计算时效；所有权追夺担保之诉，自追夺发生之日起开始计算时效；附期限的债权，自期限届满之日起开始计算时效。

如债权的行使期日取决于债权人的意思，时效期间自他能表示其意思之日起开始计算。

第 316 条　债权人因被认可为正当的障碍无法主张其债权时，时效不得起算。在被代理人与代理人之间，时效也不得起算。

其期间短于 5 年的时效，不得在债权人为无行为能力人、不在人及被判处刑罚者且无法定代理人的情况下起算。

其期间超过 5 年的时效，不得对前款所列之人起算，如在他无行为能力的整个期间具有法定代理人，亦同。

第 317 条　时效因起诉（包括向无管辖权的法院起诉）、支付催告或请求扣押债务人的财产、债权人请求将其债权列入债务人之破产债权、参加债务人财产之分配或为实现其债权向初审法院提出任何主张而中断。

第 318 条　时效因债务人对债权人的权利之明示或默示的承认而中断。

债务人为担保履行其债务而向债权人所为之担保，视为默示承认。

第 319 条　时效中断后，新的时效期间自中断事由停止产生其效果之时起开始计算。新时效期间与原时效期间相同。

如果债务经既决案件之生效判决确认,或债务的时效期间为 1 年且因债务人的承认而中断,其时效期间长于 15 年,但经判决确认的债务不得理解为在此等判决后成为可要求履行的定期或可展期履行的债务。

第 320 条 时效消灭债,但此等债仍作为自然债务存在。

债因时效消灭后,其从债随之消灭,即使适用于此等从债的特殊时效期间尚未届满,亦同。

第 321 条 法院不得依职权援引时效。

即使债务人忽略了援引时效,应由债务人、其债权人之一或任何利害关系人援引之。

时效可在包括上诉在内的任何诉讼阶段主张之。

第 322 条 当事人不得在获得利用时效的权利前放弃时效,也不得就时效期间达成不同于法律规定的时效期间的协议。

但任何具有处分其权利之能力的人均可放弃(包括以默示方式放弃)他可以利用的时效利益。但为欺诈债权人之权利而为的时效利益之放弃,对债权人无对抗力。

第六题 债的证明

第一章 书面证据

第 323 条 债权人应出示其债权之证据;债务人应出示其责任免除的证据。

第 324 条 公证书是由公证机关或负有公证职责的人员以法定形式在其职权及管辖范围内,对当面实施的行为或利害关系人对他作出的声明所出具的证明。

第 325 条 在公证书原件存在的情况下,副本或复印件在符合原件内容的范围内具有证明力。

在当事人无任何异议的情况下,公证书的复制件视为符合原件;在有争议的情形下,应对复制件与原件的一致性进行核对。

第 326 条 在公证书原件不复存在的情况下,其复制件在下列情形下具

有证明力:

——首批副本,无论它是否被赋予强制执行之效力,就其外部形式而言,不容怀疑它与原件的一致性时,具有与原件同等的证明力;

——首批副本的正式复制件具有与原件同等的证明力,但在此种情形下,当事人均可就复制件与首批副本的一致性请求进行核对;

——根据实际情况,首批副本之复制件的正式复制件仅被认为是单纯的参考资料。

第 327 条 私署证书被认为是由书写该证书、在该证书上签名并粘封的人所颁发,但此等人明确否认的除外。但该人的继承人或特定权利承受人无权作出此种否认,并不得以宣誓方式声明自己不知道有关证书的书写及签字为被继承人或权利转让人所为。

第 328 条 私署证书仅自它具有明确日期时起,方对第三人产生证明力。证书自下列时间起,始取得明确日期:

——登记之日;

——其存在为公证机关颁发的其他证书证明之日;

——有管辖权的政府机关在证书上粘贴检验印记之日;

——书写证书并签名的双方当事人的一方死亡之日。

但涉及收据时,法官可考虑实际情况不适用这些规定。

第 329 条 署名之信件具有与私署证书同等的证明力。

如电报发送人在发送邮局之电报发送底单上署名,则电报单也具有与私署证书同等的证明力;除有相反证据外,电报单被推定为与电报底单的内容相符。

如电报底单被毁,电报单仅可被视为纯粹的参考材料。

第 330 条 商业账簿对于非商人不具有证明力。但在此等账簿明确指出商人供应的商品时,法官可在被采用的证人证言的范围内听取双方当事人之一方的补充宣誓。

商人的账簿对商人有证明力。

但如果此等账簿系连续作成,则为其自身利益以之作为证据的当事人不得分离其内容、排斥与其主张相反的内容。

第 331 条 家庭的簿记及文件,在下列两种情形下,对作成该簿记或文件的当事人不具有证明力:

——当事人在其簿记或文件中正式载明他已受领一项给付;

——当事人在其簿记或文件中明确宣称,他自愿将此等簿记或文件注明的事项代替有利于他方当事人的证书,此等注明的事项设定了一项权利。

第 332 条 当一项书写在债权证书上的注明事项记载了债务人的责任免除时,由于该文件从未脱离债权人的占有,即使无债权人的签字,也具有不利于债权人的证明力,有相反证据的情况除外。

由债权人亲笔书写于证书的原始副本或收据上的记载债务人之责任免除的注明事项,即使无债权人之签名,只要该副本或收据在债务人手中,则同样具有不利于债权人的证明力。

第二章 证人证言

第 333 条 除法律有相反规定或存在相反的商业习惯外,价值超过 1000 第纳尔或价值不确定的法律行为的证明或债务消灭的证明,不得采用证人证言。

债务根据其缔结法律行为之时的价值予以评价。其本金加上增值部分的总值不超过 1000 第纳尔的债务,可采用证人证言予以证明。

如诉讼包括数项发生根据不同的请求,每一请求之价值不超过 1000 第纳尔,即使该数项请求之总价值超过 1000 第纳尔,且均发生于相同当事人之间或因同一性质的数个法律行为而发生,亦可适用证人证言予以证明。其价值不超过 1000 第纳尔之给付,亦同。

第 334 条 在下列情形下,即使债的价值不超过 1000 第纳尔,也不得采用证人证言予以证明:

——如果证言涉及到对抗或无视公证书内容的证明;

——请求之标的涉及只能以书面证据证明的债务余额或部分债权;

——起诉方当事人在提出了价值超过 1000 第纳尔的请求后,将其请求降低至价值不足 1000 第纳尔。

第 335 条 在应采用书面证据的情形下,如存在不具有完全证明力的书证[①],则可采用证人证言。

不具有完全证明力的书证包括诉讼相对人签署的能证明被主张的文件之

---

① 不具有完全证明力的书证(commencement de preuve par écrit):指诉讼中的被告方所设立的能够证明原告之主张的证书。——译者注

真实存在的一切书面文件。

第 336 条 在下列情形下,证人证言同样被允许取代书面证据:

——如果取得书面证据存在物质上或精神上的障碍;

——因不可归责于他的原因,债权人将用作书面证据的权利证书遗失。

第三章 推定

第 337 条 法律推定免除为其利益而作出此等推定的人所有其他证明责任。但除法律有相反规定外,此等法律推定可被相反的证据推翻。

第 338 条 对既决案件的生效判决就它确定的权利有证明力。作为此等判决之结果的推定不得以任何证据推翻之,但该推定仅适用于以同样的资格行为的同一些当事人之间,且他们处在相同标的和相同原因的权利之享有人地位。

此等推定不得由法院依职权提出。

第 339 条 刑事法庭的决定,只有它已判决或必然判决的事项对民事法官有约束力。

第 340 条 法律未规定的推定,法官可酌情运用。此种推定形成的证据仅可适用于法律允许采用证人证言的情形。

第四章 自认

第 341 条 自认,是被主张某一法律事实的当事人在法院的一审或相关程序中对此等事实的承认。

第 342 条 自认具有对抗作出此等自认的当事人的完全的证明力。

除非自认针对数项事实,且该数项事实之一的存在不必然涉及其他事项,自认不得被分别使用以对抗作出自认的当事人。

第五章 宣誓

第 343 条 一方当事人可听取他方当事人的决讼宣誓,但如果听取宣誓的当事人滥用这种机会,法官可阻止起誓请求。

被听取宣誓的当事人可反请求他方当事人宣誓,但宣誓所针对的事实仅涉及被请求宣誓当事人之个人事项而非双方当事人共同涉及的事项时,该种反请求不得成立。

第 344 条　被请求进行的决讼宣誓不得涉及违反公共秩序的事实。作为宣誓标的的事实应为被请求宣誓当事人之个人事项,如它并非该当事人之个人事项,则宣誓只能就对有关既存事实单纯的知晓而作出。

当事人可在诉讼的任何阶段作出宣誓。

第 345 条　一旦相对人同意作出宣誓,则请求或反请求他方宣誓的当事人不得撤回其请求。

第 346 条　一方应他方请求或反请求已为宣誓,相对方提出该宣誓为虚假之证明的,不得接受。但如该伪誓已为刑事法庭的判决认定,则因该伪誓受损害的当事人可请求赔偿,此等赔偿不影响他通过上述途径改变已作出的对他不利的判决。

第 347 条　被请求宣誓的一方拒绝宣誓而不向相对方提出宣誓的反请求者,或原请求宣誓的一方被对方反请求宣誓而拒绝宣誓者,其诉讼请求应予驳回。

第 348 条　法官可依职权听取当事人一方的宣誓,以使其判决建立在争议的实质问题上,或以此确定判决之总金额。

法官仅在当事人的诉讼请求未被完全证明,但并非完全无证明的情况下,可依职权要求当事人宣誓。

第 349 条　被法官依职权要求他为补充宣誓的当事人,不得反请求其相对方为宣誓。

第 350 条　法官仅可在原告请求之标的物的价值无法以其他方式证明的情况下,要求原告为补充宣誓。

在如此情形下,法官应确定一定的金额,原告在此金额范围内所作的宣誓,始可采信。

第七题　移转所有权的合同

第一章　买卖合同

第一节　一般规定

第一目　买卖合同的要件

第 351 条　买卖合同是出卖人有义务移转标的物所有权或任何其他财产权给买受人,买受人有义务对出卖人支付标的物价金的合同。

第 352 条　买受人应对出卖物有足够的认识。如合同条款以能够鉴别的方式指明了出卖物及其基本品质,则视为此等认识已经足够。

如买卖合同已指明买受人已对出卖物有所认识,则他不得再享有以他对出卖物缺乏认识为由主张合同无效的权利,但买受人能证明出卖人的欺诈行为者,不在此限。

第 353 条　买卖合同根据样品订立的,出卖物应与样品相一致。

样品被一方当事人毁损或遗失的,无论他是否有过失,该出卖人或买受人有义务证明标的物与样品一致或不一致。

第 354 条　在保留试用权的买卖合同中,买受人有权对标的物是否令他满意予以确定,但他应在约定或依习惯确定的期限内作出同意接受的表示。此等买卖合同自买受人表示同意接受时成立。

第 355 条　试验性买卖合同的买受人有权同意或拒绝接受被出售的标的物。出卖人有义务允许买受人对标的物进行试用。买受人如拒绝接受出卖物,应在双方约定或出卖人确定的合理期限内通知出卖人其拒绝意思。有可能对出卖物进行试用的买受人如在期限经过后保持沉默,视为同意接受。

试验性买卖合同被视为附同意接受之停止条件而缔结者,有相反的协议或此等合同是附解除条件而缔结者,不在此限。

第 356 条　价格之确定,可以仅限于指出进一步确定此等价格的依据。

对于按市价进行的买卖,发生疑义时,出卖物应交付给买受人之地点和时间的市价被视为双方约定的价格。无此等确定依据时,应参照地方的市价,依习惯将此等价格视为应适用的价格。

第 357 条 合同当事人未确定价格时,如实际情况导致他们被理解为采用了在交易中或在其相互关系中一般适用的价格,买卖合同有效。

第 358 条 出卖人因出卖不动产遭受低价损失超过不动产价金 1/5 以上者,可提起增加价金之诉,以便约束买受人补足正常价金的 4/5。

为确定低价损失是否超过 1/5,应根据合同成立时不动产的价值予以估价。

第 359 条 因低价损失提起的增加价金之诉的时效为 3 年,自买卖成立之日起开始计算;对于无行为能力人,此等时效期间自他取得行为能力之日起开始计算。

行使请求增加价金之诉,不得损害取得了被出卖之不动产上的物权的诚信第三人。

第 360 条 低价损失的补偿请求,不适用于依法进行的公开拍卖中完成的出售。

第二目 出卖人的义务

第 361 条 出卖人须实施一切为将被出卖的权利移转给买受人所必要的行为,并避免所有可能导致此项移转不可能或困难的行为。

第 362 条 在批发出售中,标的物所有权以移转特定物所有权的同样方式移转于买受人。

如被出卖物的容积是确定价格的根据,也发生批发出售。

第 363 条 在分期付款买卖中,出卖人可规定即使出卖物已交付,但所有权移转给买受人也应以他付清全部价款为停止条件。

如价款应分期支付,合同当事人可约定出卖人有权留置其中一部分出卖物,以赔偿他在因买受人未付清全部款项而解除合同时所受的损失。

但法官可根据实际情况减少当事人约定的赔偿金的数额,以适用第 184 条第 2 款之规定。

买受人支付全部分期支付价款时,被视为溯及既往地从买卖成立之日就取得了出卖物的所有权。

以上三款之规定,适用于合同当事人将买卖合同当作租赁合同的情形。

第 364 条 出卖人须按它在买卖成立之时所处的状态向买受人交付出卖

物。

第 365 条 当合同指明了出卖物的数量时,如无相反的约定,出卖人依惯例对短少的数量负责。但买受人除非能证明该种短少是如此重要,如他知晓这一情形便不会订立合同,否则,他不可因此请求解除合同。相反,如果出卖物的数量明显超过合同的规定,且其价格是依整个单位确定的,如标的物非经造成损失不能分离,则买受人应支付补充价款,但在超过之数量为巨大时,买受人可请求解除合同。前述规定仅适用于当事人之间无相反约定之情形。

第 366 条 在数量不足或超过的情形,买受人请求减少价金或解除合同的权利,以及出卖人请求补充价金的权利的时效皆为 1 年,自出卖物被实际交付时起开始计算。

第 367 条 出售物被置于买受人处分之下,买受人能无妨碍地占有或享用其利益的,构成交付。即使未实际交付,但出卖人被通知标的物已为他支配的情形,亦构成交付。交付应以适合于出卖物性质的方式进行。

如出卖物在买卖成立前已为买受人持有,或出卖人持续地基于所有权之外的依据占有出卖物,则交付可因合同当事人之间单纯的同意而发生。

第 368 条 如被出卖物应寄送给买受人,除非有相反约定,标的物到达买受人时发生交付。

第 369 条 如出卖物在交付前因不可归责于出卖人的原因毁损灭失,买卖合同解除,出卖人应将价款返还买受人,但在标的物毁损灭失前买受人已被催告接受出卖物之交付者,不在此限。

第 370 条 如出卖物在交付前因遭受损害而减少价值,且该价值减少如发生于买卖合同成立之前,且其重要性足以阻碍缔结合同,则买受人有权请求解除买卖合同,或请求减少价款以维持此等合同。

第 371 条 出卖人应担保买受人对于出卖物之整体或部分的享有不受来自出卖人或第三人的行为的干扰,即买卖合同成立时,出卖物上不得存在第三人享有的对抗买受人的权利。同时,出卖人还应就买卖合同成立后第三人基于出卖人自身的原因取得的权利负担保责任。

第 372 条 发生对买受人提起的请求返还财产之诉时,根据案情和《民事诉讼法典》的规定,应通知出卖人参加诉讼以帮助买受人,或为他提供事实和理由。

如要求出卖人参加诉讼的通知系在有效期内发出,未参加诉讼的出卖人应对第三人的追夺承担责任,但出卖人能证明有关诉讼作出的判决系因买受人的故意或重大过失所致者,不在此限。

如买受人未在有效期间内通知出卖人参加诉讼,且依对既决案件的生效判决被追夺标的物,而出卖人证明如他参加诉讼,将使第三人在请求返还财产之诉中败诉,则买受人丧失诉诸追夺担保的权利。

第 373 条 买受人在合理的时间内向出卖人送达了诉讼通知,但出卖人并未因其请求而代替他参加诉讼的,即使他不等法院作出判决就诚信地承认了第三人的权利或与第三人就该权利达成和解,他仍享有追夺担保请求权,但在前述情形下出卖人能证明第三人的请求没有根据的除外。

第 374 条 如买受人通过支付一定款项或履行另一项给付避免第三人全部或部分追夺标的物,出卖人应对买受人支付的款项予以补偿,或偿付上述另一项给付的价值和全部费用,从而免除自己的担保责任。

第 375 条 在标的物之全部被第三人追夺时,买受人可向出卖人主张:

——标的物被追夺时的价值。

——买受人向行使追夺权的所有人返还的已获得的孳息的价值。

——可向所有人主张的必要维修费。如果出卖人为恶信,另加奢侈费用。

——担保之诉及请求返还财产之诉的全部诉讼费用,但买受人根据第373 条之规定通知出卖人参加诉讼即可避免自己在请求返还财产之诉中败诉的情形除外。

——通常情况下,赔偿经证明的损失,并赔偿因第三人行使追夺权丧失的收益。

前述规定,只适用于买受人不再解除合同或确认买卖无效的基础上提出其请求的情形。

第 376 条 在部分追夺或出卖物设定有负担之情形,如由此造成的损失十分重大,以至于买受人如果知道此种情形即不会订立合同,则他可在返还出卖物和已经取得的利润后,向出卖人主张第375 条规定的各项费用。

买受人如宁愿保留出卖物,或他遭受的损失未达到前款规定的严重程度,则买受人仅有权请求赔偿因被追夺遭受的损失。

第 377 条 合同当事人可通过特别协议加重、缩小或免除追夺担保责任。

出卖人被推定为已约定不对表见役权[①]或他已告知买受人的役权承担担

---

① 表见役权(servitude apparente):指由外部设施物表现出来的役权,如门、窗、引水渠、通行道路等,其役权以之向供役地所有人予以显现。——译者注

保责任。

如出卖人故意隐瞒属于第三人的权利,则全部关于追夺担保责任之缩小或免除的约定一律无效。

第 378 条 尽管有不承担担保责任的条款,出卖人仍应就其自身行为导致的所有权追夺承担责任。一切与之相反的约定均属无效。

在因第三人的行为导致所有权追夺的情形,出卖人仍应按出卖物在被追夺时的价值向买受人予以补偿,但出卖人能证明买受人在缔结买卖时知道追夺事由而自愿承担一切风险者除外。

第 379 条 出卖人应就出卖物在交付时不具备他已向买受人保证存在的品质承担保证责任,也应就出卖物存在减少价值或效用且违反合同目的、标的物的性质或用途的瑕疵承担保证责任。出卖人承担瑕疵责任不以其知道瑕疵之存在为条件。

但出卖人对买受人在订立买卖合同时明知的瑕疵,或买受人以一般的注意对标的物进行检查即可自行发现的瑕疵,不承担责任。但买受人能证明出卖人向他确认过不存在该种瑕疵或出卖人实施欺诈行为掩盖了此等瑕疵的情形,不在此限。

第 380 条 买受人在受领出卖物的交付时,应依照商业习惯尽其所能对出卖物的状态进行检查。如发现出卖人应承担担保责任的瑕疵,应在符合惯例的合理期限内通知出卖人,否则,买受人被视为已接受出卖物。

但对于采用通常检查方法不能发现的瑕疵,买受人应在发现瑕疵时立即通知出卖人,否则,买受人被视为已接受有瑕疵的出卖物。

第 381 条 只要买受人在有效期限内将出卖物的瑕疵通知了出卖人,即有权依第 386① 条之规定追究出卖人的担保责任。

第 382 条 在被出卖物毁损灭失的情况下,不管毁损灭失的原因为何,担保之诉权继续存在。

第 383 条 担保之诉的时效为 1 年,自交付出卖物之时起算,即使买受人在此期间届满后才发现瑕疵的,仍适用这一规定。但出卖人不同意在更长时间内承担担保责任者,不在此限。

出卖人被证明实施欺诈行为掩盖瑕疵的,不得援引 1 年的时效期间。

---

① 原文为第 376 条,该条是关于追夺担保的,与瑕疵担保无关,很可能这里有印刷错误,故改成第 386 条,此条是关于瑕疵担保的。——编者注

第 384 条　合同当事人可通过特别的协议加重、缩小或免除担保义务。但如出卖人故意掩盖被出卖物的瑕疵,则任何有关担保义务免除或缩小的约定均为无效。

第 385 条　依法院判决或行政决定进行的拍卖,不适用瑕疵担保之诉。

第 386 条　如无相反约定,出卖人在确定的期间内应担保出卖物运行良好,发现标的物之运行瑕疵的买受人应在发现瑕疵时起 1 个月内通知出卖人,并在完成通知后的 6 个月内提起担保之诉,否则丧失其权利。

第三目　买受人的义务

第 387 条　除非有相反的约定或习惯,价金应在交付出卖物的地点支付。如价金不应在交付时支付,则应于到期日在买受人之住所地支付。

第 388 条　除非有相反的约定或习惯,价金应在交付出卖物的时间支付。

第三人基于买卖合同成立之前存在的权利或受让于出卖人的权利对抗买受人,或买受人有被剥夺对出售物的占有之虞的,如合同中无另外的约定,买受人可在此等对抗或追夺之虞消除之前停止为价金的支付。但在此等情形下,出卖人提供了担保人的,即可请求支付价金。

前款之规定适用于买受人发现出售物有瑕疵的情形。

第 389 条　除非有相反的约定或习惯,买受人自买卖合同订立之时起取得出卖物的孳息及增值,并承受有关负担。

第 390 条　价金如系可立即要求全部或部分支付者,除非出卖人同意买受人在买卖合同成立后的一定期间内支付,出卖人可在到期价金得以支付前留置出卖物。如果买受人已提供质押或保证的,亦同。

如买受人因第 212 条规定之适用丧失期限利益,出卖人在规定的价金支付期限届满前,亦可留置出卖物。

第 391 条　出卖人行使其留置权期间,如出卖物在其占有下灭失,其风险由买受人承担,但因出卖人的行为导致此等灭失的除外。

第 392 条　如无相反约定,在买卖食品或其他动产时,如果规定了支付价金和取得出卖物之交付的期限,但在此等期限届满后未支付价金,为了出卖人之利益,此等买卖可不经催告地解除。

第 393 条　除法律有相反规定外,登记费、印花税、不动产登记手续费、公证手续费和其他一切费用,均由买受人负担。

第 394 条　在协议和习惯未规定交付的地点和时间的情况下,买受人应在买卖合同成立时标的物所在地接受交付并及时取回标的物,但取回标的物需必要期限的除外。

第 395 条 除非有相反的习惯或约定,取回出卖物的费用由买受人负担。

第 396 条 如出卖人为自己保留在买卖合同成立后的一定期限内取回出卖物的权利,此等买卖合同无效。

第二节 特种买卖

第一目 第三人财产的买卖

第 397 条 如当事人出卖不享有所有权的特定物,买受人可主张买卖合同无效。如果买卖的标的是不动产,无论此等行为已经公示或未经公示,适用同样的规则。

在任何情况下,该种买卖对出卖物的所有人均无对抗力,即使买受人已承认此等合同,亦同。

第 398 条 如所有人同意此等买卖合同,该合同对他具有对抗力,并对买受人成为有效合同。

如出卖人在缔结买卖合同后取得了出卖物的所有权,买卖合同对买受人同样成为有效合同。

第 399 条 如买卖合同为买受人的利益被法院宣告无效,且如果买受人不知道出卖物不属于出卖人,他可就所遭受的损害请求赔偿,即使出卖人为诚信,亦同。

第二目 讼争权利的买卖

第 400 条 讼争权利的受让人可通过次受让人摆脱此等权利,其方法是对后者偿还让与的实际价金以及费用和置产手续费。①

如就权利的基础发生诉讼或严重争议,该项权利被视为讼争权利。

第 401 条 第 400 条之规定不适用于下列情形:

——讼争权利构成以单一价格整体出卖的财产之部分;

---

① 置产手续费(loyaux couts),不动产购置人应付的契纸费、公证费、登记费等费用。参见《法国法律辞典》(*Vocabulaire Juridique*),法国 P. U. F. 出版社 1992 年版,第 747 页。——译者注

——债务人向其债权人出让讼争权利,系共同继承人或共有人之一向其他共有人出卖其共有份额;

——债务人向其债权人出让讼争权利,系向对方清偿其到期债务;

——讼争权利系设定于不动产的负担,且被转让给该不动产的第三债务人。

第 402 条 法官、律师、司法辩护人①、公证人及书记员不得自行或通过中介人买受其职权行使范围内所涉及的讼争权利之全部或部分,否则,买卖合同应属无效。

第 403 条 律师及司法辩护人承担维护有关讼争权利的义务后,不得自行或通过中介人与其顾客实施任何与该讼争权利有关的行为,否则,行为应属无效。

第三目 遗产的买卖

第 404 条 继承人未列举遗产的细目而出让其遗产时,仅对其继承人资格负担保责任,但有相反约定者除外。

第 405 条 在出让遗产的情形中,对于第三人,遗产所包括的权利仅可在每一项权利的移转所要求的程序和形式具备时发生移转。如果法律对在当事人间移转此等权利的程序和形式有规定,应遵守之。

第 406 条 如出卖人已受领附属于遗产的债权清偿,或已出卖附属于遗产的财产,他应将收取的金额返还买受人,但买卖合同明确规定有不予返还的条款者,不在此限。

第 407 条 买受人应向出卖人偿还他为清偿遗产中的债务支出的款项及其作为遗产的债权人应得的一切款项,但有相反约定者除外。

第四目 病危中的出售

第 408 条 病人在导致其死亡的疾病重危期间,向其继承人之一所作同意之出售,仅在其他继承人批准的情况下方为有效。

在前述条件下,病人对第三人所作同意的出售被推定为无有效的同意而作成,应属无效。

第 409 条 第 408 条之规定不得损害有偿取得了出卖物之物权的诚信第

---

① 原文为 defenseurs de justice。——编者注

三人的利益。

第五目 代理人自己实施的买卖

第 410 条 除法律有特别规定外,依协议、法律规定或有管辖权的权威机构的授权成为他人之代理人的人,不得自行直接地或通过中介人间接地购买或竞买由他以代理人的身份负责出卖的财产,但依法院决定而获授权者除外。

第 411 条 经纪人、鉴定人不得自行或通过中介人购买他们受托出售或估价的财产。

第 412 条 第 410 条及第 411 条规定的买卖合同,可以被为其利益订立合同的当事人所承认。

第二章 互易合同

第 413 条 合同当事人约定双方互负向对方移转金钱之外的财产之义务者,为互易合同。

第 414 条 如依合同当事人的估价,互易合同标的物价值不同,价差可采用给付补足金的方式予以补偿。

第 415 条 在合同性质允许的范围内,对互易合同适用关于买卖合同的规定。参加互易的每一方均被视为交付标的物的出卖人及受领标的物的买受人。

第三章 合伙合同

第 416 条 两或两人以上达成的共同以实物或现金投资经营企业,并分享和负担由此可能产生的收益和亏损的协议,为合伙合同。

第 417 条 由于其设立行为,合伙被视为法人。但此等法人格仅在它完成法律规定的公示程序后,始可对抗第三人。

但在合伙尚未完成法定的公示程序的情形,第三人可以援引此等法人格。

第一节 合伙的要件

第 418 条 合伙合同必须以公证书的形式证明,否则无效。未经公证而对合伙合同予以变更者,所有的变更同样无效。但此种无效自合伙人之一提出确认无效之请求时起,方可被合伙人用以对抗第三人,并对合伙人相互之间的关系产生法律效果。

第 419 条 除非有相反的约定或习惯,各合伙人的出资被推定为价值相等,且推定系以财产所有权而非其用益权出资。

第 420 条 合伙人的影响或信誉不得作为其唯一的出资。

第 421 条 如果以现金出资的合伙人未向合伙缴纳该笔现金,他在必要时应对此进行赔偿。

第 422 条 如果合伙人的出资为所有权、用益权或其他物权,适用法律有关买卖标的物的风险担保、追夺担保、隐蔽瑕疵担保和数量担保的规定。

但如合伙人的出资为单纯的财产使用权,则适用法律有关租赁合同的规定。

第 423 条 如合伙人有义务以其劳务出资,他应依允诺提供劳务,并应包括合伙成立后他作为出资的劳务所取得的收益。

但除有相反约定外,此种合伙人无义务将他获得的专利权作为对合伙的出资。

第 424 条 如合伙人的出资为对第三人享有的债权,他对于合伙的义务仅在该债权受清偿时方可消灭。相反,如该债权到期未受清偿,该合伙人应对由此造成的损害承担责任。

第 425 条 如果合伙合同未确定各合伙人在盈亏中的份额,此等份额应按他们在合伙财产中所占的比例确定之。

如果合伙合同仅限于确定合伙人在盈利中的份额,此等比例适用于亏损的负担;如果合伙合同只说明了亏损的份额,则此等比例亦适用于盈利的分享。如合伙人之一的出资仅限于其劳务,则他在盈亏中的份额应根据合伙通过此等劳务实现的利润来估价。如果除劳务外,合伙人还以现金或实物出资,则他不仅享有以劳务为依据的份额,同时享有以劳务之外的出资为依据的份额。

第 426 条 如合伙合同中有排斥合伙人之一参加合伙之盈亏分派的条款,该合伙合同无效。

合伙合同可以规定免除以其劳务为出资的合伙人分担亏损的责任,但以合伙对其劳务不支付报酬为条件。

第二节 合伙的管理

第 427 条 依合伙合同的特别条款负责管理的合伙人,可不顾其他合伙人的反对实施管理行为,以及在合伙正常活动范围内的处分行为,但这些管理或处分行为不得具有欺诈的瑕疵。在合伙存续期间,如无合法理由,不得撤销此等合伙人的管理职能。

如果管理人的权力是在合伙合同成立后授予的,该管理人可如一般代理人一样被解职。

非合伙人的管理人的资格可被撤销。

第 428 条 如果数个合伙人负责管理,并未确定各管理人的权限,并无各管理人不得分别行动之规定,则各管理人均可实施任何管理行为,但在完成此等行为前,其他各管理人均有权反对此种管理行为。管理人之多数有权否认此等反对的,不在此限。在意见分歧之情形,否认反对的权利属于全体合伙人之多数。如规定了数个管理人的决定应当一致作出或经多数人同意作出,则不得违背这一规定,但涉及为避免合伙遭受不可弥补的重大损失的紧急行为,不在此限。

第 429 条 如无相反约定,任何决定均应以多数通过,此种多数应依人数计算。

第 430 条 非管理人的合伙人不得参与管理,但他本人有权了解合伙的账目和文件。任何与此相反的约定均属无效。

第 431 条 在对管理方式无特别规定的情况下,各合伙人均视为已被其他合伙人授予管理权,可不经协商实施管理行为,但在管理行为完成之前以及多数合伙人否定反对意见之前,其他合伙人或其中之一反对其管理行为的除外。

第三节 合伙的效力

第 432 条 合伙人不得实施任何有损于合伙或违背合伙设立宗旨的行为。

合伙人应像对自己的利益一样照看和维护合伙的利益。而有酬地承担管理责任的合伙人的注意程度则不得低于善良管理人之注意程度。

第 433 条 取走或扣留属于合伙的资金的合伙人,应赔偿合伙遭受的损害,但此等赔偿,以损害的实际发生为条件。

第 434 条 如果合伙财产不足以清偿合伙债务,合伙人应以自己的财产负责清偿。除非合伙人另行约定了比例,否则每一合伙人应按他承担合伙亏损的份额的比例分担上述清偿。一切免除合伙人对合伙债务之责任的条款,均属无效。

在任何情况下,合伙的债权人享有按合伙人在分派合伙盈余中之份额的金额的比例对抗各合伙人的诉权。

第 435 条 在合伙人对合伙债务承担责任的范围内,各合伙人不承担连带责任,但有相反约定者除外。

但如果合伙人之一发生支付不能,他在债务中的份额应按各人应分担亏损的比例分派给其他合伙人。

第 436 条 在合伙存续期间,合伙人的个人债权人仅可就该合伙人所获盈余份额而非他在资本中的份额获得其债权的清偿。

但在合伙清算后,合伙人的个人债权人可就其债务人在扣除合伙债务后在合伙财产中的份额行使其权利。尽管如此,在清算前,合伙人的个人债权人不得就此等债务人的份额实施假扣押。

第四节 合伙的终止

第 437 条 合伙因为其规定的合伙存续期间届满或因缔结合伙的目的已实现而终止。

但在约定的存续期间届满或合伙目的实现时,如合伙人继续实施与合伙的目的、性质相同的行为,合伙合同则以相同的条件逐年续展。

合伙人的债权人可反对此等续展。其反对对债权人产生中止续展的效力。

第 438 条 合伙因合伙财产全部灭失或相当部分灭失以致合伙的存续失去意义而终止。

如果合伙人之一所负担的出资为特定物,而该特定物在交付合伙前灭失,合伙对全体合伙人发生解散。

第 439 条 合伙因合伙人之一死亡、禁治产或破产而终止。

但当事人可约定在合伙人之一死亡时,由其继承人接替其地位,而合伙仍继续存续,即使其继承人为未成年人,亦同。

当事人同样可约定在合伙人之一死亡、禁治产、破产或依第 440 条之规定退伙时,合伙在其余合伙人间继续存续。在此种情形下,此等合伙人或其继承人仅拥有他在合伙财产中的份额。这一应以现金支付的份额,应根据它在导致该合伙人停止作为合伙人之事件发生之日的价值估价。对此后合伙取得的权益,该合伙人仅可在有关权益系由该种事件发生之前合伙实施的行为所产生的范围内参加分配。

第 440 条 在合伙的存续期间为不确定的情况下,如果合伙人之一提出退伙并预先通知了其他合伙人,且不存在欺诈或不合时宜之情形,则合伙因其退伙而终止。

合伙亦可因全体合伙人的一致同意而终止。

第 441 条 因其他合伙人不履行义务或不可归咎于合伙人的任何事由,合伙可因应合伙人之一的请求作出的法院判决而解散,合伙解散之事由是否重大,由法官裁量之。

一切相反约定均属无效。

第 442 条 如个别合伙人的合伙人资格之存在构成阻碍合伙延展的原因,或个别合伙人的行为构成解散合伙的适当理由,全体合伙人可以合伙在其他合伙人之间继续存在为条件,请求法院将此等合伙人除名。

如合伙定有存续期限,全体合伙人也可援引正当理由,向法院请求许可此等合伙人退伙。在此情形下,除非合伙人一致同意合伙继续存在,合伙应予以解散。

第五节 合伙的清算与财产分配

第 443 条 合伙的清算与财产分配应依合伙合同约定的方式进行。如合伙合同无规定,适用以下规定。

第 444 条 合伙管理人的权力因合伙解散而终止,但合伙的人格在必要范围内继续存在,直至清算结束。

第 445 条 合伙期满时,清算应在全体合伙人或由多数合伙人指定的数个清算人的监管下进行:

——如合伙人不能就清算人的指定达成协议,法官经合伙人之一的请求予以指定;

——在合伙合同无效的情形下,法院依全体利害关系人的请求指定清算人并确定清算方式;

——在清算人被指定前,对于第三人,合伙管理人被视为清算人。

第 446 条 清算人不得为合伙的利益实施新的经营活动,但为了结原有的经营活动而有必要实施者除外。

清算人可以拍卖或协商方式出卖属于合伙的动产或不动产,但指定证书对此等权力予以限制者除外。

第 447 条 合伙财产于清偿合伙所欠合伙债权人的债务、扣除用于清偿未到期或有争议的债务所必需的金额、对合伙人之一为合伙利益支付的费用或预付款予以补偿后,在全体合伙人之间进行分配。

——每一合伙人应依合伙合同的规定在合伙财产中分得与其出资的价值相等的款项,如合伙合同未予规定,则应分得与其出资被实施时的价值相等的款项,但合伙人仅以其技术、物品的用益权或单纯的收益权作为出资的,不在此限。

——如果合伙财产仍有剩余,应按各合伙人在盈余中享有的份额之比例在合伙人之间再行分配。

——如果合伙财产的净值不足以补偿合伙人的出资,此等损失应根据约定的分担亏损的比例予以分担。在无此等约定的情况下,根据第 425 条的规定在全体合伙人之间进行分派。

第 448 条 合伙财产的分割,适用关于分割共有财产的规定。

第 449 条 本章之规定,仅在与法律和商业习惯不相冲突的范围内适用于商事合伙。

第四章 消费借贷合同

第 450 条 消费借贷是出借人有义务向借用人移转金钱或其他可替代物之所有权,借用人有义务在借贷终止时向出借人返还相同数量及相同种类和质量的物的合同。

第 451 条 出借人应向借用人交付合同标的物,仅可在借贷终止时向后者请求返还等量等质的物。

如标的物在交付借用人前灭失,损失由出借人承担。

第 452 条 在标的物被第三人追夺的情形下,适用第 538 条及以下各条关于使用借贷的规定。

第 453 条 在存在隐蔽瑕疵的情形下,如果借用人宁愿保有标的物,他仅有义务偿还此等物受瑕疵影响后的价值。

但在出借人故意隐瞒瑕疵的情形下,借用人可请求他修补缺陷,或以无瑕疵的标的物替换有缺陷的标的物。

第 454 条 个人之间的消费借贷须为无偿。任何与之相反的条款均属绝对无效。

第 455 条 为鼓励储蓄,金融机构可对现金存款支付依法定利率计算的利息。

第 456 条 以促进国民经济活动为目的同意贷出款项的金融机构,可依法定利率收取利息。

第 457 条 消费借贷合同因约定期限届满而终止。

第 458 条 自借贷之日起算的 6 个月后,债务人可将他解除借贷合同及返还借贷标的物的意思通知债权人。但标的物之返还,须在自此等通知之日起不超过 6 个月的期间内发生。借用人返还标的物的权利不得以协议取消或限制。

第五章　和　　解

第一节　和解的要件

第 459 条 和解是当事人通过相互让步,以结束一项已发生的争议或防止发生争议的合同。

第 460 条 订立和解协议的当事人,须具有以有偿方式处分作为和解标的之权利的能力。

第 461 条 当事人不得就有关人的身份或公共秩序的问题达成和解,但可就作为人的身份问题之后果的金钱利益达成和解。

第二节　和解的效力

第 462 条 和解涉及的争议,因就其达成的和解而消灭。

一方或双方当事人明确放弃的权利和主张,因和解的成立而消灭。

第 463 条 对于作为和解标的的权利,和解具有宣告效力。但这一效力仅适用于讼争的权利。

第 464 条 和解协议中导致放弃权利和主张的文句,应受到严格的解释。有关放弃权利和主张的文句,仅涉及以明确的方式载入和解协议的作为争议标的的权利。

第三节 和解的无效

第 465 条 和解协议因对权利发生错误而无效。

第 466 条 和解协议具有不可分的性质。和解协议部分无效即导致它全部无效。

但如合同文句和合同当事人的订约环境使人认为和解协议的各部分是彼此独立的,则此等规定不得适用。

第八题 有关物的使用的合同

第一章 租 赁

第一节 一般租赁

第一目 租赁的要件

第 467 条 租赁关系因出租人和承租人之间的合同而成立。

在离婚案件中,法官可确定获取租金权利的配偶一方承担其义务,尤其是监护子女的义务。

第 468 条 除法律有相反规定外,仅可以实施管理行为者,在无主管机关授权的情况下,不得订立超过 3 年期限的租赁合同。如租赁合同确定的期限超过 3 年,应减少至 3 年。

第 469 条 未经空虚所有权①人的批准的用益权人订立的租赁合同,随用益权的终止而终止,但为遵守解除租赁合同的通知期限、取走年内收益的必要期限,可以适当延长租赁合同的期限。

第 470 条 租赁合同的价金可以由货币或者其他任何给付构成。

第 471 条 在租赁合同更新的情形下,如果当事人未对租金作出约定,出租人可在承租人占有住房 1 个月之内以书面形式告知他租金额。如在被告知

---

① 空虚所有权(nu-propriété)指其用益权与之相分离的所有权。——译者注

后 1 个月内承租人对所提出的租金额未表示任何异议,则出租人有权请求承租人按该金额支付租金。

如果承租人在上述期限内对出租人表示了异议,且双方不能达成协议,最勤谨的当事人应就租金额的确定向法院起诉。此等请求应自承租人提出其反要约通知起算的 2 个月内提出。法院确定的租金溯及至租赁合同成立时有效。

在法院作出终局判决前,承租人应继续偿付原租金。如无原租金标准,法院应确定承租人应支付的临时租金标准。

出租人提出的租金额通知和承租人提出的反要约,应以非讼文书的方式作成或以附回执的挂号信方式作成。

在计算租金额时,法官应考虑官方价格;类似房屋的实际价格;房屋的新旧、地理位置和不动产的状况。

第 472 条 在租赁合同更新的情形下,如果原合同规定了租金金额,当事人可在 6 个月的占有期限届满后,请求取消合同约定的租金金额,并通过诉讼程序请求重新确定租金金额。

当事人一方或他方的取消请求,应以非讼文书方式作成或以附回执的挂号信方式作成。

如双方不能达成和解协议,且本条第 1 款规定的自提出取消请求开始起算的 2 个月期限届满,更尽注意义务的当事人应向法院起诉以确定新的租金额。此等租金额自起诉之日起开始执行。

第 473 条 承租人使用标的物后,在经更新的租赁合同开始生效的时间,于依照本法典第 482 条确定了新租金金额并被适用之日,当事人亦可提出变更租金价格。此等请求可在 3 年内的任何时间重新提出。

此等请求应以非讼文书的形式作成或以附回执的挂号信方式作成。

如当事人在自提出变更租金价格请求起算的 2 个月的期间内不能达成和解协议,新租金金额依第 471 条最后一款、第 472 条第 2 款、第 3 款规定的条件予以确定。

最后如以协商或经法院判决确定租金后,若官方公布的生活费指数的变动不超过 10%,不得主张变更租金价格。

第 474 条 如租赁合同未约定期限,或约定的期限不确定,或此等期限能够被确定,则当事人中一方仅在遵守本法典第 475 条规定的期限的情况下,方可通知他方终止租赁合同。

如租赁合同以书面形式作成,应于约定的期限届满时终止。但在该期限届满时,如出租人任凭承租人继续占有租赁物,则新租赁关系产生,并依第509条关于无确定期限的租赁的规定发生效果。

第 475 条 终止租赁合同之预先通知的期限规定如下:

——动产租赁合同为 1 个月;

——套房、职业活动场所、手工作坊租赁合同为 3 个月;

——独立住宅租赁合同为 6 个月。

终止租赁合同的通知必须于下列日期发出:

——1 月 15 日,4 月 15 日,7 月 15 日和 10 月 15 日。

如果终止租赁合同的通知在上列日期以外的其他日期发出,应当视为在下一个日期发出。

第 476 条 出租人有义务按双方的约定或租赁事项之性质,向承租人交付其状态能够满足租赁用途的租赁物及其从物。

第 477 条 如向承租人交付的租赁物处于不能满足据之订立租赁合同之用途的状态,或此等用途受到了明显的减损,承租人可请求解除合同或按用途减损的比例减少租金,并请求损害赔偿。

如果租赁物处于对承租人及其同居者、雇员或工人的健康构成严重危险的状态,承租人可请求解除合同,即使他已预先放弃此项权利,亦同。

第 478 条 交付租赁物的义务,尤其是关于交付租赁物的时间、地点的义务,以及租赁物之从物的确定,适用法律有关交付出卖物之义务的规定。

第 479 条 出租人有义务维持租赁物在交付时的状态。在租赁期间,出租人应负责租赁物之承租人应负责修缮的项目以外的全部必要修理。

出租人也有义务完成建筑物的粗涂、粉白以及水井、大便槽、排水管道的清除等必要工程。

租赁物产生的税费和其他负担由出租人承担。水费如被计入租金包干费用,应由出租人承担;如单独计算费用,则由承租人承担。电、天然气及其他用于个人使用的物所产生的费用,均由承租人承担,但有相反约定的除外。

第 480 条 如出租人迟延履行上列各条规定的义务,承租人经法院许可,有权自行实施有关行为,并有权从租金中扣除由此产生的费用,此等行为不影响他行使请求解除合同或减少租金的权利。

如果涉及紧急修缮或由出租人负担的细小修缮,而此等修缮系因承租人在开始使用时租赁物即已存在的缺陷,或以后突然发生的缺陷所造成的,出租人未在有效期间内履行修缮义务时,承租人可不经法院授权而自行实施修缮,并从租金中扣除有关费用。

第 481 条 在租赁期间,如租赁物毁损灭失,租赁关系即行解除。

在承租人无过错的情况下,租赁物部分毁损,或陷于不适合租赁之用途的状态,或其用途受到明显减损,如出租人未在适当的期间内将租赁物修复至原有状态,承租人可根据情况请求减少租金或解除租赁关系,此等措施不影响他依第 480 条之规定自行实施应由出租人履行的行为的权利。

在上述两种情形下,如果灭失或减损系因不可归咎于出租人的原因所造成,承租人不得主张赔偿他遭受的损害。

第 482 条 承租人不得阻碍出租人实施为保存租赁物所必要的紧急修理。但如果执行此等修理全部地或部分地妨碍了对租赁物的使用,承租人可根据具体情况,请求解除租赁关系或减少租金。

但如此等修理已经结束,而承租人仍继续占有房屋,则他不再享有合同解除权。

第 483 条 出租人应避免干扰承租人享用租赁物,不得引起租赁物或其附属建筑物发生任何减损承租人对租赁物之享用的改变。

出租人不仅应就其自身行为或就他推荐的人的行为对承租人承担保证责任,而且也就其他承租人或出租人的权利义务承受人对出租人权利造成的全部损害或妨害承担保证责任。

第 484 条 如果第三人主张对租赁物享有与承租人依租赁合同享有的利益不相容的权利,承租人应立即将此等事实通知出租人,并主张自己与此项争讼无关。在此种情形下,起诉仅可针对出租人进行。

第 485 条 如基于第三人的主张,承租人实际上被剥夺了依据租赁合同而对租赁物享有的权利,承租人可根据具体情况请求解除租赁关系或减少租金,并请求赔偿因此遭受的损失。

1.数个承租人的权利竞合时,首先无诈欺地占有租赁物的承租人优先;

2.未取得租赁权的诚信承租人可对出租人提起赔偿之诉。

第 486 条 除非有相反的约定,如果租赁物的享用因行政机关依法实施的行为而发生重大减损,承租人可根据具体情况,请求解除租赁关系或减少租金。如该行政行为实施的原因可归咎于出租人,则承租人可请求损害赔偿。

第 487 条 对租赁物不享有任何权利的第三人对承租人实施的干扰行为,出租人不负担保责任,承租人享有以自己的名义请求加害人赔偿损失并对之行使占有之诉的全部权利。

但如果干扰行为严重到了剥夺承租人对租赁物的享用的程度,则承租人可根据具体情况,要求解除租赁关系或减少租金。

第 488 条 除非有相反之约定,出租人应向承租人就明显妨碍或减损对租赁物之享用的任何瑕疵和缺陷承担担保责任,但不对使用上容许的瑕疵和缺陷承担此等责任。出租人应对他已明示允诺的、或物的目的所要求的品质的缺失承担责任。

但出租人对承租人已被告知的瑕疵或在缔结合同时已知晓的瑕疵,不承担责任。

第 489 条 在租赁物存在应由出租人担保的缺陷时,承租人可根据具体情况,请求解除租赁关系或减少租金。如修理缺陷的费用不致造成出租人的过重负担,承租人亦可请求出租人修理或请人修理,其费用由出租人承担。

此等缺陷导致的承租人的任何损害,出租人均应承担赔偿责任,但出租人能证明他不知此等缺陷之存在者,不在此限。

第 490 条 如出租人故意掩盖产生妨碍或瑕疵的原因,则任何关于排除或限制对妨碍或瑕疵的担保责任的条款,均属无效。

第 491 条 承租人应按约定的方式使用租赁物。无约定时,承租人应按符合租赁物目的的方式使用之。

第 492 条 未经出租人许可,承租人不得使租赁物发生任何改变,但此等改变不致造成出租人任何损害的,不在此限。

承租人超越本条前款规定义务的范围引起了租赁物的改变时,有义务恢复租赁物的原状,并赔偿因修理租赁物而产生的费用。

第 493 条 在安装方式不违反租赁物用途的前提下,承租人可在租赁物内安装水、电气照明、天然气、电话及其他类似设备,但出租人能证明此等安装危及不动产安全者除外。

如进行安装须由出租人参与,承租人可要求其参与,但应补偿出租人由此支付的费用。

第 494 条 如无相反约定,承租人应负担依照惯例应由承租人负担的修理费。

第 495 条 承租人应尽善良管理人的注意义务使用和保存租赁物。

承租人应对租赁物在他享用期间非因正常使用遭受的减损和灭失承担责任。

第 496 条 承租人应对租赁物遭受的火灾承担责任,但能证明火灾系由不可归咎于自己的原因发生者除外。

如同一不动产有数个承租人,全体承租人和居住在此等不动产内的出租人,每人应按其居住部分的比例对火灾引起的损失承担责任,但如能证明起火系发生于前述当事人之一所占有的部分时,损失应由该当事人独自承担。

第 497 条 承租人应将需要出租人介入的一切事项,包括紧急修理、发现缺陷、第三人对租赁物实施侵占、干扰或损害等,及时通知出租人。

第 498 条 承租人应按约定的期限给付租金,如无约定的期限,依当地习惯确定的期限给付。

除非有相反的约定或习惯,租金的支付应在承租人的住所为之。

第 499 条 如无相反的证据,缴纳一个期次的租金时,推定为已缴纳前一期次的租金。

第 500 条 除非有相反的约定、预付了租金或提供了其他担保,大楼、仓库、店铺、其他类似场所或农村土地的承租人,应在这些地方配置其价值足以支付 2 年租金,或如果租期低于 2 年,足以支付全部租金的家具、商品、收获物、牲畜或工具。

第 501 条 出租人为担保他因租赁合同取得的全部债权,对所有被配置在租赁地可扣押的动产享有留置权,即使它们非为承租人的财产,出租人也对之享有优先权。出租人可反对转移这些财产,如不顾出租人的反对或在其不知的情况下转移这些财产,出租人可请求财产的实际占有人返还,占有人即使为诚信,亦同;但占有人为行使其权利而占有财产者,不在此限。

在前述动产的转移系因承租人的职业需要或符合习惯的生活关系时,或如果配置在上述租赁土地的动产或已被索回的动产已足以充分地满足租金要求,出租人不得行使留置权或返还请求权。

第 502 条 承租人应于租赁期满时返还租赁物,如他非法保留租赁物,应向出租人支付依照出租人承受的所有损害的物的租赁价值计算的赔偿金额。

第 503 条 扣除不应由他承担责任的灭失和减损后,承租人应按租赁物被交付之时的状态返还该物。

在交付时,如承租人未制作关于租赁物状态的口头通知或书面说明,他接受的租赁物被推定为处于完好状态,但有相反证据的除外。

第 504 条 如承租人实施了建筑、种植或其他使不动产增值的正常的改良行为,除有相反约定外,在租赁期满时,出租人有义务对承租人返还他支出的费用或不动产的增值。

如上述改良行为之实施为出租人所不知或出租人虽知道但曾表示反对,出租人可请求承租人将之拆除,并赔偿他不动产由于此等拆除行为遭受的损失。

如果出租人宁愿返还前述两项费用中的一项以保有改良物,法院可给予他一定期限以清偿有关费用。

第二目　租赁的终止及转租

第 505 条　除法律有相反规定外,未经出租人的明示许可,承租人不得转让其租赁权或将租赁物的全部或一部转租。

第 506 条　在转让租赁权的情形下,承租人应担保受让人履行其义务。

第 507 条　在出租人对承租人为催告之时,分租人在其欠付租金的范围内,直接对出租人承担责任。

分租人无权反对承租人向出租人预付租金,但预付发生在出租人依习惯或依订立转租合同时达成的协议为催告之前者,不在此限。

第 508 条　租赁关系至合同规定的期限届满时终止,不必作出事先通知。本法典第 474 条规定的情况,不在此限。

第 509 条　租赁期满后,如承租人继续享用租赁物且出租人对此知情,租赁合同被视为以同样的条件更新,但其期限为不确定。租赁的更新适用第474 条之规定。

租赁合同的此种默示续展被视为对原租赁合同的单纯延长。但在不违背法律有关不动产公示规则的情况下,承租人就原租赁提供的物的担保对新租赁合同继续有效。第三人提供的保证或物的担保,仅在担保人同意的情况下方可延展至新租赁关系。

第三目　承租人死亡

第 510 条　租赁不因出租人或承租人的死亡而终止。

但在承租人死亡的情形下,承租人的继承人如能证明因承租人的死亡,租赁合同所生之负担相较于其收入已变得过分沉重,或租赁关系已超过其需要,他可请求解除租赁合同。在此种情形下,当事人应遵守第 477 条有关提前通知期限的规定,解除合同的请求应在承租人死亡后的 6 个月内提出。

第 511 条　租赁物的所有权被自愿或强制移转给第三人时,租赁合同对受让人具有对抗力。

第 512 条　如受让人能证明在为偿付时,承租人知道或应当知道转让租赁物的事实,则出租人不得反抗受让人之预付租金的请求。受让人若无此项证据,仅可对出租人提起诉讼。

第 513 条　官员或雇员因公务需要改变住址时,如涉及定期住宅租赁合同,可请求解除合同,但应遵守第 475 条有关预先通知期限的规定。任何相反的约定均属无效。

第二节　租赁地滞留权及收回权

第 514 条　在不违背本法典之规定的条件下,以原承租人、受益人身份继续享用住宅或职业用场所的诚信占有人,有权依原合同的条款和条件滞留于该租赁地而无须履行任何手续。

承租人、分租人、租赁权受让人在租赁期满后视为诚信占有人;根据或基于书面或口头的租赁合同、合法的转租合同、合法转让原租赁权的合同、换房合同等原因在有关租赁地居住、履行其义务的占有人,亦被视为诚信占有人。

在本法典公布于《阿尔及利亚人民民主共和国政府公报》之日,为居住用途使用先前以租赁名义占有的房屋,通过政府部门达到此等结果者,以及通过偿付租金,尤其是采用从薪水或工资中扣除的方式偿付租金使自己的占有行为具有正当理由者,也被视为诚信占有人。但此等规定仅适用于通过政府部门订立的租赁合同期满后的情形以及政府部门放弃其权利的情形。

第 515 条　在占有人抛弃住所或死亡的情形下,滞留于用作居住或职业活动的房屋的利益,归属于占有人扶养且与之共同生活超过 6 个月的家庭成员。

但对于专用于职业活动的房屋,除非前款规定的人中有 1 人继续从事受到此等房屋的处置影响的职业活动,否则不适用前款之规定。

第 516 条　租赁地滞留权可为从事非营利性活动且符合第 514 条规定的条件的法人,尤其是协会、政党及其群众组织所享有,但在任何情况下,均不得对抗意欲自行居住,或让其配偶、尊亲属以及卑亲属居住于其房屋的阿尔及利亚籍的所有人。

第 517 条　在下列情形下,第 514 条、第 515 条及第 516 条规定的当事人不得享有租赁地滞留权:

——当事人已经或即将成为对既决事项生效的法院判决的对象,此等判决因适用允许行使取回权的普通法或先前法律的规定,已宣布强制承租人迁出,或当事人因本法典承认的某一法定事由或条件,即将成为宣布强制承租人迁出的类似判决的对象。但如法院判决仅基于租赁期满的理由,或原租赁地滞留权系由先前的法律授予的理由责令迁出,占有人不得被剥夺其租赁地滞留权。

——当事人并未自己实际占有租赁地,或并未让与之共同生活的家庭成员以及受其扶养的人占有租赁地。占有须在 1 年的租赁期内持续 8 个月。但占有人的职业、职务或其他任何合法理由足以证明占有人进行期间较短的占有确有理由者,不在此限。

——当事人有数处住房。但能证明此系其职务或职业所必须者,不在此限。

——当事人占有的租赁地系禁止居住的房屋,或因倒塌危险而作出的撤出危房的决定规定必须修理或拆除的房屋。

但若禁止居住的命令仅具有临时性,或前款规定的撤出危房的决定被撤销,则原占有人可援引本章之规定以重新实施占有。

——当事人占有的房屋位于根据国家征用通知取得或征用的不动产内,被迁出的承租人或占有人的新住所由政府部门负责保证。

——当事人占有的是完全属于季节性使用的供娱乐消遣的房屋,而非为持续居住用途的房屋。

——占有的依据是劳动合同的附加条款,而此等合同已终止。

——当事人在同一住宅区拥有可支配的或通过行使其取回权收回的其他房屋,该房屋能够满足当事人、其家庭成员或与其共同生活 6 个月以上并由其扶养的人的需要。

但如占有人于就租赁地滞留权发生争议后的 15 天内能证明一项诉讼正在正常进行,则只有在他能够有效地取得对上述房屋的占有时,方可被强制离开滞留地。

第 518 条　对于获得了行政主管机关的许可,在同一地点拆毁房屋以修建另一居住面积和房间数量均超过被拆毁房屋的另一房屋的所有人,不得以租赁地滞留权对抗之。

所有人应提前 6 个月通知各占有人以使他们腾空房屋。

所有人应各占有人的要求,为之提供位于同一住宅区的、居住状态良好的住房,该住房应能满足占有人或家庭成员的需要,必要时,应能满足其职业的需要。

此外,所有人的重建工程应于最后的占有人迁离3个月内开始。

任何情况下,在工程开工前不得重新占有被退还的空房。

第519条　对于根据行政主管机关的事先许可,为增加房屋的居住面积、房间的数量或起居设施,对房屋实施加高或扩建工程,不得不造成占有人及其家人不能居住的所有人,不得以租赁地滞留权对抗之。

所有人应提前6个月通知各占有人以使他们离开出租房屋。

所有人应按照各占有人的请求,为之提供位于同一住宅区的、居住状态良好的住房,该住房应能满足占据人或家庭成员的需要,必要时,应能满足其职业的需要。

工程应于最后的占有人迁离后3个月内开始。

第520条　占有人之因适用第518条和第519条的规定而被排斥的租赁地滞留权,转而设定于改建或新建的房屋。

工程一旦竣工,所有人即应以附回执的挂号信或以非讼文书催促有关当事人在1个月内采用同样方式告知他们是否准备行使上述权利。该催告通知应指明答复的形式和期限,否则无效。

第521条　所有人根据行政主管机关的事先许可,为增加房屋居住面积、房间的数量或起居设施,准备对房屋实施加高或扩建工程的,如该工程不致造成占有人及其家人不能居住,房屋的占有人不得为工程设置障碍。

占有人仅有义务撤离住房因施工不能居住的部分,直至此等工程竣工。如工程持续14天以上,租金应根据撤离的时间和被剥夺使用的那部分住房的比例,予以减少。

第522条　对欲全部或部分收回作为出租住宅之从物的水流、花园或空地,以修建主要用于居住的房屋的所有人,在新建筑物不致导致不能享用现有住宅的条件下,不得以滞留于租赁地的利益对抗之。

在符合前款规定之条件的情况下,所有人应提前6个月将其修建新房屋的意图通知占有人。

工程应于从最后的占有人迁离后起算的3个月内开始。

在此种情形下,占有人保留享用的房屋的租金金额可依本法典规定的依据重新计算。

第523条　租赁地滞留权仅可在租赁期满后放弃。

第524条　在部分转租的情形外,分租人的租赁地滞留权仅在主承租人的租赁地滞留权的存续期间内,可对抗所有人。

第 525 条　除第 515 条规定的情形,租赁地滞留权为排他地系于当事人之人身的权利,不得转让。

第 526 条　为自住或让其配偶、尊亲属或卑亲属居住,意欲收回其房屋的阿尔及利亚籍的所有人,只要他应承租人或占有人的请求为之提供了位于同一住宅区、具备通常的或至少与被收回的房屋相等的卫生条件、居住状态良好的房屋,租赁地滞留权对他具有的对抗力即行终止。

所有人仅在他收回的房屋符合此等收回之受益人个人或家庭的需要,或在必要时符合其职业需要的情况下,方可行使前款规定的权利。

第 527 条　依第 526 条之规定行使收回权的所有人,应以非讼文书或附回执的挂号信的方式,将其收回房屋的意思通知对方。该文书或挂号信须指明下列事项,否则无效。

——提供房屋的所有人的姓名和地址。

——被提供的房屋的位置。

——包括的房间数量。

——起居设备的等级。

——租金。

——租期届满时所有人可行使收回权的期间。对于占有人,此等期间不得短于 3 个月;对于承租人,此等期间不得短于解除租赁关系的通知所确定的通常期间。在该期间内,当事人可以从所有人处取得所提供的房屋的占有。

——收回行为之受益人的身份,包括其家庭及职业的状况。

第 528 条　自非讼文书或挂号信送达之日起算的 1 个月内,承租人或占有人如以书面形式表示接受对他提出的建议,应在不迟于第 527 条为以非讼文书或附回执的挂号信行使收回权规定的期限内,将他占有的房屋交给所有人处置。

如在上述 1 个月的期限内,承租人或占有人表示拒绝或不予答复,所有人可委托鉴定人对有关事项作出鉴定。

上述鉴定人的职责包括:考察所提供的房屋,认定该房屋是否具备第 526 条规定的卫生条件及是否能满足当事人个人或家庭的需要,是否在必要时能满足承租人或占有人职业的需要,最后,核实承租人或占有人是否有可能承受租金的负担。

鉴定人在其资格被确定后的 15 日内应提交其报告。如未提交报告,其鉴定人资格即被取消,法官应依职权在上述期限届满后的 48 小时内发布新命令以正式授权给替换者。

在鉴定人的报告提交备案后的 48 小时内,法院书记官应以附回执的挂号信的形式将之通知当事人,其中应包括下一次开庭的传唤通知。

第 529 条 阿尔及利亚籍的所有人意欲收回其房屋自住或让其配偶、尊亲属、卑亲属居住,且能证明收回权的受益人不会根据其正常需要,或根据与其共同生活或定居的其他家庭成员的正常需要处分房屋的,租赁地滞留权对之不具有对抗力。但在前述第一种情形下,如果所有人的配偶、尊亲属、卑亲属自己即为某一房屋的所有人,亦即可为自身利益行使收回权,则租赁地滞留权可用于对抗此等所有人。

所有人仅在房屋符合其个人需要或作为此等收回权之受益人的家庭成员的需要及其职业需要时,方可行使前款规定的权利。

第 530 条 如果不动产系有偿取得,此等收回权仅在该取得行为已确定地经过 10 年的期间时方可行使。但是,取得不动产超过 4 年的所有人,如能证明自己取得不动产系为自住,或为满足合法家庭的利益而非基于任何投机目的,则可经法院许可行使收回权。

第 531 条 意图通过行使收回权获益的所有人,应根据当地习惯,至少提前 6 个月,以非讼文书或附回执的挂号信预先通知其意图收回的房屋的承租人或占有人。上述文书或挂号信应具备下列事项,否则无效:

——指出系根据本条规定行使收回权;

——具体载明取得不动产的日期及月份;

——指明将房屋交给受益人居住的所有人的姓名和住址,受益人所占有的房间的位置和数量。

在非讼文书或附回执的挂号信送达之日,法官应对所提交的争议作出评价。

第 532 条 第 529 条、第 530 条及第 531 条规定的收回权的受益人,有义务将因行使收回权腾出的自己的原住处交由被收回房屋的承租人或占有人处置。

收回权的受益人,应依第 531 条规定的同样期限,以非讼文书或附回执的挂号信的形式将他实施的上述行为通知房屋所有人。其原住处的所有人仅在具有重大的合法理由的情况下,方可反对此等新承租人或占有人迁入。如所有人意欲行使此项权利,应自收到前述通知之日起算的 15 日内向有管辖权的法院提出请求,超过此等期限,该权利归于消灭。

此等通知应指明,所有人如在 15 日内不向有管辖权的法院提出请求,则丧失反对权,未指明此等事宜的通知无效。

新占有人具有诚信占有人的地位。

第 533 条　意图收回其不动产自住,且具有下列情形之一的阿尔及利亚籍的所有人,租赁地滞留权对之不具有对抗力:

——承租人或占有人因适用本法典第 529 条、第 530 条、第 531 条及第 532 条的规定而被收回承租的房屋;

——被占有的房屋属于禁止居住的房屋,或因具有倒塌危险而属于撤出危房的,按规定必须修理或拆除的房屋,或被占有的房屋位于根据征用通知取得或征用的不动产之中。

但如果此等受益人为同一居住区的另一无任何承租人或占有人之空房的所有人,且该房屋符合其本人或其家庭的需要,则他不得行使收回权。

所有人应根据当地习惯,至少提前 6 个月以非讼文书或附回执的挂号信形式,将其收回房屋的意思通知承租人或占有人。前述文书或挂号信须具备下列内容,否则无效:

——指明系根据本条规定行使收回权;

——明确指出所有人所属的类别;

——向承租人提供一切有用的指示,以使他能审核该请求的法律依据。

在非讼文书或附回执的挂号信送达之日,法官应就所提交的争议作出评价。

第 534 条　如果承租人或占有人能证明,所有人援引收回权并非为了满足其合法利益,而是基于损害承租人或占有人的目的或规避本法典之规定的目的,则法官应拒绝同意所有人行使收回权。

第 535 条　本法典第 529 条、第 530 条、第 531 条、第 532 条及第 533 条赋予所有人的收回权,对在所有人知情或至少在他默许的情况下占有房屋并于其中从事职业活动的人,不具有对抗力。

第 536 条　在一个不动产中有数个被出租或被占有的房屋且显然具有可被收回的同样条件的情形,所有人应就占有者人数最少的房屋行使收回权。在占有者人数相等之情形,所有人应对在这些房屋中居住时间较短的承租人或占有人所占有的房屋行使收回权。

第 537 条　租赁地滞留权既不得用于对抗对房屋实施修建工程后未能立

即对之占有的所有人,也不得用于对抗必须临时离开其房屋,并按承租人已接受的须随时应其请求收回房屋的书面条件将之出租或转租与他人的所有人或承租人。

第二章　使用借贷

第 538 条　使用借贷,是出借人有义务向借用人交付非消耗物,以使他在一定期间内无偿使用或满足其特定用途,借用人有义务在使用完毕后返还该物的合同。

第一节　出借人的义务

第 539 条　出借人有义务按订立使用借贷合同订立时所处的状态将借用物交付给借用人,并让借用人在合同持续期间占有该物。

第 540 条　在使用借贷合同持续期间,如果借用人因保存借用物支出了必要的费用或者紧急的费用,出借人应对之偿还此等费用。

在发生有益费用之情形,可适用有关诚信占有人所支付的费用的规定。

第 541 条　出借人仅在订有担保协议或故意隐瞒追夺原因的情形下,承担对借用物的追夺担保责任。

出借人不承担隐蔽瑕疵的担保责任。但如故意隐瞒出借物的瑕疵,或曾担保出借物无瑕疵,则出借人应赔偿借用人因此等瑕疵遭受的一切损失。

第二节　借用人的义务

第 542 条　借用人仅可依合同、有关事项之性质或习惯确定的方式和限度使用借用物。未经出借人许可,借用人不得将使用权让与第三人,无偿让与亦同。

对于借用物因根据合同约定的使用产生的改变或损坏,借用人不承担责任。

第 543 条　借用人无权请求返还为使用借用物发生的费用,且应承担借用物日常维修所需之必要费用。

在借用物能够被恢复至先前状态的情况下,借用人可对借用物进行任何装饰。

第 544 条　借用人应以对自己的物的注意保存借用物,但此等注意不低于善良管理人的注意。

在所有的情况下,对借用物因意外事件或不可抗力遭受的灭失,如果借用人使用自己的物即有可能避免,或借用人在能保存借用物或自己物品时,宁肯抢救自己的物品,则他应对借用物的灭失承担责任。

第545条 借用人应在借用终止时,以借用物被收受时所处的状态予以返还,此等返还不影响他承担因借用物毁损灭失发生的赔偿责任。

除有相反约定外,返还应在借用人收受借用物的地点进行。

第三节　借用合同的消灭

第546条 使用借贷因约定的期限届满而终止,如无约定期限,则于借用标的物之使用目的实现时终止。

如不能以任何方法确定借用期限,出借人可在任何时候请求终止借用合同。

在任何情况下,借用人可在借用合同终止前返还借用物。但如此等返还可能造成出借人的损害,则出借人不得被强制接受返还。

第547条 在下列情形中,使用借贷可因出借人的请求在任何时候终止:

——出借人突然发生了不可预见的对借用物的紧急需要;

——借用人在使用借用物时滥用其使用权,或疏于就借用物的保存采取必要的预防措施;

——借用人在订立借用合同后变得支付不能,或他先前的支付不能不为出借人所知晓。

第548条 如无相反的约定,使用借贷合同因一方当事人的死亡而终止。

第九题　提供服务的合同

第一章　承揽合同

第549条 承揽合同是一方当事人有义务提供劳务或完成工作,他方当事人有义务对之支付报酬的合同。

第一节　承揽人的义务

第550条　承揽人可仅负责完成其工作,而承揽人完成该项工作所需的原材料或协助,由定作人负责提供。

承揽人亦可同时负责提供原材料和完成工作。

第551条　如承揽人负责提供全部或部分完成其工作所需的原材料,则他应保证原材料的质量良好,并应为此对定作人承担担保责任。

第552条　如原材料由定作人提供,承揽人应负责妥善保存,并遵守使用原材料的规则,随时向定作人汇报原材料的使用情况,将剩余的原材料归还定作人。如因承揽人的疏忽或欠缺业务能力而导致部分原材料不能使用,承揽人应负责向定作人返还此部分原材料的价款。

如协议或行业习惯无相反的规定,承揽人应以自己的费用购买完成工作所必要的设备及配件。

第553条　在完成工作的过程中,如承揽人以不当方法履行义务或违反协议,定作人可责令其在规定的合理期限内改变其履行方式。承揽人超过合理期限未采用正常的履行方式的,定作人可通过诉讼程序,或请求解除合同,或依第180条之规定以承揽人的费用另行委托其他承揽人履行。

第554条　建筑师和承揽人应在10年内就不动产建筑工程或其他永久性设施的全部或部分倒塌承担连带责任,即使此等倒塌因土地的瑕疵所致亦同。

前款规定的担保责任,扩及于建筑工程或设施中存在且威胁设施的坚固及安全的瑕疵。

前款规定的10年期间,自最终验收设施之日起算。

本条不适用于承揽人对分包人提起的诉讼。

第555条　仅负责工程施工设计,对工程施工不负监督责任的建筑师,仅就其设计导致的瑕疵承担责任。

第556条　免除或者限制建筑师和承揽人应承担的担保责任的条款,一律无效。

第557条　前述担保之诉的时效为3年,自建筑工程倒塌或发现设施的瑕疵时起算。

第二节 定作物所有人的义务

第 558 条 一旦承揽人完成工作并将之交付定作物的所有人,在可能的情况下,定作物所有人应根据有关商业习惯及时受领定作物。如果定作人经承揽人以合法途径作出催告而无正当理由拒绝接受交付,定作物被视为已经收受。

第 559 条 如习惯或协议无相反的规定,定作物一旦交付,承揽人即可请求支付定作物的价款。

第 560 条 如果承揽合同系根据工程整体之预算而订立的,在履行期间,为完成约定计划所必需的费用明显超过预算,承揽人应立即将此事告知定作物所有人,并对之指明预计增加的价款,否则,承揽人即丧失请求返还他已支付的费用的权利。

如执行计划的必要费用大大超过预算,定作物所有人可放弃合同并终止履行,但他必须及时作出该项决定,并向承揽人偿付根据合同条款估定的已完成工程的价值,但他无义务对承揽人完成工作后可获得的利润承担责任。

第 561 条 在根据与定作物所有人约定的工程设计以承包价格订立合同的情形下,即使因工程设计的变更或增加导致造价的增加,只要此等变更或增加非因定作物所有人的过错所致,或此等变更或增加为定作物所有人所许可,且定作人就其造价与承揽人达成了协议,则承揽人不得请求对造价作任何增加。

前述协议以书面文件证明,但承揽合同本身以口头形式订立的,不在此限。

如因广泛发生的、当事人在订立合同时不能预见的意外事故,定作物所有人与承揽人各自的义务间的利益平衡被打破,以致承揽合同订立的交易基础完全丧失,法官可决定增加造价或宣布解除合同。

第 562 条 如事先未确定造价,应根据劳务的价值和承揽人支出的费用予以确定。

第 563 条 建筑师有权就完成工程设计、预算、指挥工程,分别请求报酬。此等报酬应由合同规定。

但如工程未按建筑师的设计进行,其报酬应按完成设计所费时间的比例,并考虑工作的性质予以确定。

第三节　分　　包

第 564 条　如果合同中无阻碍条件,且工作的性质不以承揽人个人素质为前提,承揽人可将承揽事项全部或部分交由分包人完成。

但在此种情形下,承揽人仍就分包人的行为向定作物所有人承担责任。

第 565 条　分包人及为承揽人完成承揽义务而工作的工人,在定作物所有人对主承揽人欠付金额的范围内,享有对抗定作物所有人的直接诉权。此等既可对抗主承揽人、又可对抗定作物所有人的诉权,同样属于分包人的工人。

在对定作物所有人或承揽人之一的财产实施支付扣押时,上述当事人对主承揽人或分包人在实施支付扣押之时的欠付金额,应按他们各自权利的比例享有优先权。此款项金额可直接对上述当事人偿付。

分包人和工人根据本条规定享有的权利,优先于承揽人对定作物所有人的债权的受让人的权利。

第四节　承揽合同的消灭

第 566 条　在承揽工作完成前的任何时间,定作物的所有人均可解除合同并停止其履行,但应对承揽人已支出的全部费用、已完成的工作以及完成工作后可获得的利润予以赔偿。

为达到公平的目的,法院可根据案件的实际情况,以利润不成立的理由减少对承揽人的赔偿额。法院尤其应核减承揽人因合同被定作物所有人解除而节约的费用,以及通过利用其剩下的履约时间所获得的利润。

第 567 条　承揽合同因构成此等合同之标的的工作之完成变得不能而消灭。

第 568 条　如果定作物在交付定作物所有人前因意外事故或不可抗力灭失,承揽人不得请求其工作的报酬,也不得请求返还其已支出的费用。原材料的灭失由提供原材料的一方当事人承担。

但如承揽人迟延交付定作物,或定作物在交付前因承揽人的过错而灭失或损坏,承揽人应向定作物所有人承担赔偿责任。

如果定作物所有人迟延受领定作物,或定作物因定作物所有人的过错或他提供的原材料的瑕疵而灭失或损坏,定作物所有人应承担此等灭失的责任,他应向承揽人支付报酬,并赔偿承揽人因此遭受的损失。

第 569 条　如果承揽人的个人资质在订立承揽合同时被予以考虑,则承揽合同因承揽人的死亡而终止。但在相反的情形中,承揽合同并不当然终止,除第 552 条第 2 款规定的情形外,定作物所有人仅在承揽人之继承人不能就良好地完成工作提供充分担保的情况下,方可解除合同。

第 570 条　合同因承揽人死亡而解除时,定作物所有人应向承揽人的继承人偿付已完成之工作的价值、为完成剩余工作已支出的费用,但以此等工作及费用对定作物所有人有益为条件。

在定作物所有人可通过公平的补偿,请求取得已准备好的原材料、已开始实施的工程设计。

此等规定,亦适用于工作已开始进行,但因承揽人主观意志以外的原因不能继续完成的情形。

第二章　委托

第一节　委托的要件

第 571 条　委托或代理,是一人授予另一人以委托人的名义为委托人实施一定行为之权力的行为。

合同仅在受托人承诺时成立。

第 572 条　除非有相反的规定,委托授权应以作为委托之标的的法律行为要求的形式为之。

第 573 条　以一般条款授予、未列明作为其标的的法律行为的性质的委托,仅授予受托人实施管理行为的权力。

期限不超过 3 年的租赁、保存及维修行为、行使债权和清偿债务行为,均被视为管理行为。同时,所有为管理财产所必需的处分行为,诸如出售收获物、商品或易损耗的动产,购买为保存或利用标的所必需的物品,也被视为管理行为。

第 574 条　除管理行为外,其他行为须有特别委托,尤其是订立买卖合同、设定抵押、实施赠与、和解、承认、达成仲裁协议、要求相对人宣誓或在法院进行答辩的行为。

就特定种类的法律行为所作之特别委托,即使此等法律行为的标的未被列明,亦为有效。但涉及无偿行为的情形除外。

特别委托仅授予受托人办理列明的事务以及依有关事务的性质和习惯为依据的必要附随事务的权力。

第二节 委托的效力

第 575 条 受托人应在限定的范围内执行委托。

但在受托人无法事先告知委托人且他依照客观情况能够推定委托人有可能同意的情形下,委托人可超越此等范围,但受托人须立即将他超越委托范围的事实通知委托人。

第 576 条 受托人在执行委托的过程中,应尽善良管理人之注意。

第 577 条 受托人应将执行他受托事项的一切必要资料提供给委托人,并对之予以汇报。

第 578 条 受托人不得为自己的利益使用委托人的财产。

第 579 条 受托人为数人时,如委托为不可分,或委托人遭受的损害由数个受托人的共同过错造成,数个受托人应承担连带责任。但承担连带责任的受托人对其他共同受托人的越权行为或滥用权力的行为,无须承担责任。

如数个受托人以同一文件任命,且未被授权分别行动,则他们应共同执行委托,但受领给付或履行债务等无须交换意见的行为除外。

第 580 条 未经授权而以他人替代自己执行委托的受托人,应像对自己的行为负责一样对替代人的行为负责。在此情形下,受托人与替代人承担连带责任。

如受托人经授权以他人替代自己,但未确定由何人替代,则受托人仅就其选择替代人不当的过错,或就对他选择的替代人指示不当的过错承担责任。

在上述两种情形下,委托人和替代人相互间可直接对对方提起诉讼。

第 581 条 除非有明示的或由受托人的状况产生的默示的相反合意,委托为无偿行为。

对于约定的报酬,法官有权作出评价,但约定委托完成后随意支付的报酬除外。

第 582 条 无论委托执行的结果如何,委托人均应向受托人偿还为正常执行委托支出的费用。如执行委托须垫付款项,委托人应根据受托人的请求对后者偿还此等垫款。

第 583 条 就受托人在正常执行委托过程中非因其过错遭受的损害,委托人应承担责任。

第 584 条　如数人为一项共同事务仅任命一个受托人,除有相反的约定外,该数人应就委托的效果对受托人承担连带责任。

第 585 条　第 74 条至第 77 条关于代理的规定,适用于委托人和受托人以及与受托人实施法律行为的第三人相互之间的关系。

第三节　委托的终止

第 586 条　委托因完成委托事项、委托期间届满而终止,也因委托人或受托人死亡、受托人辞去委托或委托人撤销委托而终止。

第 587 条　即使有相反的约定,委托人亦可在任何时候撤销委托或缩小委托的范围。但如委托为有偿的,在受托人证明其撤销行为不合时宜或无正当理由的情况下,委托人应赔偿受托人遭受的损失。

第 588 条　即使有相反的约定,受托人亦可在任何时候辞去委托。辞去委托自通知到达委托人时生效。如委托系属有偿,受托人应赔偿因不合时宜或无正当理由地辞去委托而给委托人造成的损失。

但如委托系为第三人利益,只有在具有正当理由,且已通知第三人并给予足够时间使他能保护自己利益的条件下,受托人方可辞去委托。

第 589 条　不论委托消灭的原因如何,受托人都应将已开始进行的事务置于不至因此陷入困境的状态。

在委托因受托人死亡而消灭的情形中,受托人的继承人如具有行为能力且知晓此等委托,应立即将受托人的死亡通知委托人,并有权为委托人的利益实施情势要求实施的行为。

第三章　保　　管

第 590 条　保管是寄存人将动产交给保管人,后者负责在一定期间内保管并将之返还给寄存人的合同。

第一节　保管人的义务

第 591 条　保管人应接受保管标的物,且仅可根据寄存人明示或默示的授权而使用标的物。

第 592 条　如保管为无偿,保管人应像对待自己的事务一样对标的物进行保管。

如保管为有偿,保管人须对标的物的保管尽善良管理人之注意。

第 593 条　如无寄存人的明示授权,保管人仅在为紧急和绝对必要之理由所迫的情况下,可由他人替代自己为保管行为。

第 594 条　除非合同为保管人的利益规定了期限,否则,寄存人一旦要求归还保管物,保管人即应立即予以归还。除非合同为寄存人的利益规定了期限,否则,保管人可在任何时候要求寄存人领取保管物。

第 595 条　如保管人的继承人诚信地出售了保管物,他仅有义务对保管物的所有人支付他受领的价金,或移转他对受让人的权利于此等所有人;如此等转让为无偿,则他应按标的物被转让时的价格予以补偿。

第二节　寄存人的义务

第 596 条　保管被视为无偿合同。在约定了有偿保管的情形,寄存人应在保管终止时支付约定的保管费,但有相反约定的除外。

第 597 条　寄存人应返还保管人为保存标的物支付的费用,并赔偿保管人因保管标的物遭受的全部损失。

第三节　各种具体保管

第 598 条　如保管的标的物为金钱或其他可消耗物,如果保管人被授权使用此等标的物,则该合同应视为消费借贷。

第 599 条　旅店或饭店的经营者或其他类似人员,应对在其旅店或饭店住宿的旅客或寄宿者携带的物品,承担如同保管人一样的责任,但能证明物品灭失系因意外事件、不可抗力、寄存人的过错或标的物的瑕疵发生者除外。此等保管应被视为一种紧急保管。

同样,上述当事人对旅客或寄宿者的物品被盗或损坏承担责任,不论此种盗窃是由其雇员所实施,还是由在此等营业场所进出的其他人所实施。

上述当事人仅在 500 第拉尔的范围内,对现金、有价证券和贵重物品的损失承担责任,但他明知物品价值而不承担保管义务或无正当理由拒绝接受保管,或损害是由其重大过失或其有过失的建议所造成者,不在此限。

第 600 条　对持枪进行的抢劫或所有其他不可抗力事件,上述当事人均不承担责任。

第 601 条　旅客一旦知道其物品被盗、灭失或毁损,应立即通知旅店或饭店经营人,如无正当理由迟延通知的,其索赔权归于消灭。

对旅店或饭店经营人的诉权的时效为 6 个月,自旅客离开营业场所之日起算。

第四章 讼争财产的保管

第 602 条 讼争财产的协议保管,是一人或数人将讼争财产交由第三人占有,后者有义务在争议结束后将它们返还给被判决为应获得此等财产的当事人的保管合同。

第 603 条 在下列情形下,法官可命令进行讼争财产的保管:

——在第 602 条规定的情形下,利害关系人对讼争财产的保管未能达成协议;

——对有关的动产或不动产,利害关系人有正当的理由担心它们继续在占有人控制下将会发生紧急危险;

——法律规定的其他情形。

第 604 条 在共有财产缺乏管理或在共有人之间发生争讼的情形下,如讼争财产保管对维护利害关系人有可能享有的权利确有必要,法官可命令对共有财产设定法院承担的讼争财产保管。此种讼争财产的保管因指定了临时的或确定的管理人而终止。

第 605 条 讼争财产的保管人由利害关系人以共同协议指定。如无此等协议,由法官予以指定。

第 606 条 讼争财产保管人的义务、权利和权力,依协议或命令设定该种保管的判决予以确定。如无此种确定,在不与以下规定相冲突的范围内,可适用有关保管和委托的规定。

第 607 条 讼争财产的保管人有义务保存和管理财产,并应对之尽善良管理人之注意义务。

未得其他当事人的同意,讼争财产的保管人在执行其全部或部分任务的过程中,不得直接或间接地以利害关系人之一替代自己。

第 608 条 除管理行为外,讼争财产的保管人,仅可根据全体利害关系人的同意或法院的授权为保管行为。

第 609 条 讼争财产的保管可为有偿,但保管人放弃一切报酬者除外。

第 610 条 讼争财产的保管人应保存记载规范的会计账簿。法官可强制此等保管人保存附有签名的账簿。

保管人一年至少应向利害关系人报告一次财产收益和开支情况,并提交有关证明文件。由法官指定的保管人还应向法院诉讼档案保管室提交一份账目的复印件。

第 611 条 讼争财产的保管,因全体利害关系人达成协议或因法院作出判决而终止。

此时,讼争财产保管人应将保管的财产交给由利害关系人或法官选定的人。

第十题　射幸契约

第一章　赌博①和打赌②

第 612 条 禁止完全凭运气的赌博和打赌。

但前款之规定,不适用于就赛马进行的打赌和就阿尔及利亚运动员的比赛结果进行的打赌。

第二章　终身年金

第 613 条 一方当事人可有偿或无偿地对他方当事人承担在其生存期间提供定期年金的义务。

此种义务依合同或遗嘱而设定。

第 614 条 终身年金可依年金权利人的生存期间、年金义务人的生存期间或第三人的生存期间予以设定。

如无相反的约定,终身年金推定为依年金权利人的生存期间设定。

第 615 条 终身年金合同,仅在它以书面形式得到证明,且不违背法律要求为赠与行为应采用的特殊形式的情况下,方有效。

第 616 条 终身年金,仅在它以赠与的名义设定时,可约定为不可扣押。

---

① 指完全凭偶然性的赌博,如轮盘赌、骰子戏等。——译者注
② 跑马、跑狗等赌博。——译者注

第617条 年金权利人仅就以其生存期间设定年金的人的生存日数享有年金权利。

但如合同规定年金可预先支付,则年金权利人取得全部已到期之期次的年金。①

第618条 如年金义务人不履行其义务,年金权利人可请求其履行合同。如合同为有偿,年金权利人亦可请求解除合同并赔偿因此而遭受的损失。

第三章　保险合同

第一节　一般规定

第619条 保险合同是保险人收取保险费或受领其他金钱给付,在合同规定的风险事故发生时,向投保人或保险合同为其利益而签订的第三人支付一定款项、一笔年金或为其他金钱给付的合同。

第620条 除适用本法典的规定外,保险合同还应适用特别法的规定。

第621条 当事人基于风险事故不能实现的任何合法经济利益,均可成为保险的标的。

第622条 下列条款无效:

——规定剥夺赔偿请求权的条款违反法律、条例,但此等违反不构成犯罪或故意侵权者除外;

——在客观情况表明有关迟延应予原谅时,规定投保人因迟延向当局申报其灾害事故或迟延出示有关文件而剥夺其权利的条款;

——一切规定无效事由或失权事由,但未以一望而知的方式印刷的条款;

——包含在保险单之被印制的一般条件中,而未采用一般条件的特别协议形式的仲裁条款;

——一切表面看来对作为保险标的的危险事故之发生无任何影响的滥用

---

① 这一款是为解决实际生活中可能出现的这种情况而设的:在定期金预付后该季度届满前,依其生存期间设定年金的人中途死亡,其死亡应导致定期金债务消灭,所以已预付的这部分定期金理应由债权人返还给债务人。但是,出于保护债权人的目的,考虑到债权人在接受预付的定期金后,就将它列入其生活开支内,因此阿尔及利亚的立法者以此款特别规定,当出现这种情况时,债权人仍取得所预付的全部定期金,无须返还。——编者注

权利的条款。

第 623 条 保险人仅有义务在保险金额的范围内赔偿投保人因风险事故的发生而遭受的损失。

第 624 条 因保险合同发生的诉讼的时效期间为 3 年,自导致此等诉权产生的事件发生之日起算。

但在下列情形中,时效期间的起算点应为:

——在投保人对保险事故保持沉默、申报不实或不确切之情形下,应自保险人知道保险事故之日起算;

——在发生被投保的危险事故之情形下,应自利害关系人知道该事故之日起算。

第 625 条 违反本章之规定的协议均属无效,但为投保人或受益人利益者除外。

第二节 各种保险

第 626 条 根据人寿保险合同,在投保事件发生或期限届满时,投保人或受益人无须证明他遭受了某种损害即有权要求保险人支付保险金。

第 627 条 以第三人的生命健康为标的订立的人寿保险合同,如在订立合同前该第三人未以书面形式表示同意,合同应为无效。如该第三人无行为能力,合同须经其法定代理人同意方可有效。

让与保险利益或就此等利益设定质押,亦须经上述当事人同意方可有效。

第 628 条 在被保险人自杀的情形下,保险人免除他支付约定的保险金的义务。但保险人应向死者的权利义务继承人支付与遗产特留份金额相同的保险金。

如被保险人自杀系因某种导致他丧失行动自由的疾病造成的,保险人仍应承担其全部义务。保险人应证明被保险人系自杀而死,受益人应证明被保险人于自杀时已丧失其行动自由。

第 629 条 当保险合同以投保人之外的第三人的生存期间为标的订立时,在该第三人的死亡系因投保人故意造成或引起的情形下,保险人免除其义务。

当人寿保险合同为投保人之外的人的利益订立时,如其生命被保险的人的死亡系由该人故意造成或引起的,该人丧失其权利。在一般的杀人未遂的情形下,如受益人已接受指定他为受益人的条款,投保人可另行指定其他人为受益人。

第 630 条 人寿保险合同可约定向特定的人或投保人事后指定的人支付保险金。

如投保人在保险单上声明保险合同系为其配偶、已出生或待出生的子女或卑亲属、继承人的利益订立的，但未指明上述当事人的姓名，该保险合同被视为为特定人的利益而订立。如保险合同为继承人利益订立而未指明其姓名的，继承人有权请求支付保险金；各继承人应根据其继承份额的比例获得保险金。

前款所称配偶，应解释为在投保人死亡之时拥有配偶身份的人；前款所称子女，应解释为被继承人的直系卑亲属。

第 631 条 在保险期限届满之前，有义务定期支付保险费的投保人在任何时候均可以向保险人发出书面通知的方式解除保险合同。在此种情形，投保人再无义务继续支付保险费。

第 632 条 在就全部生存期间、不以生存至特定期间为条件缔结的保险合同中，在任何规定于一定年限之后开始交纳保险费的保险合同中，无论有无相反的约定，投保人如已交纳至少 3 年的保险费，可请求支付依照他已交纳的保险费折算的保险金。此种效果须以保险事故确定将会发生为条件。

临时人寿保险金不得减少。

第 633 条 保险金仅可在下列范围内予以减少：

——在就全部生存期间订立的保险合同中，减少的金额不得低于投保人在减少时如已交纳与其合同的待履行金额相等的金额时有权得到的金额，并减去原始保险金额的 1‰，因在原保险合同订立时，此等保险金额构成依现行费率计算的上述性质之保险的唯一保险费；

——在约定于一定年限后支付保险金的合同中，减少的金额不得低于依已交纳的保险费的数额的比例计算的原始保险金额的一定比例。

第 634 条 投保人如已交纳了至少 3 年的保险费，可以保险事故确定将会发生为理由，请求买回保险。

临时的人寿保险不得买回。

第 635 条 保险金的减少与保险买回的条件是保险之一般条件的组成部分，应在保险单上载明。

第 636 条 在虚报或错报其寿命被保险者的年龄之情形，合同仅在该当事人的真实年龄超过保险费率确定的限度时为无效。

在其他任何情形,如约定的保险费因虚报或错报而低于应交纳的保险费,保险金额应按约定的保险费与依其寿命被保险者之真实年龄应交纳的保险费之间的比例予以减少。

但是,如约定的保险费高于依其寿命被保险者的真实年龄应交纳的保险费,保险人应返还多收取的保险费并减少将来的保险费至符合此等人之真实年龄的限度。

第 637 条　人寿保险的保险人支付保险金后,不得代位行使保险合同的投保人或受益人对保险事故的肇事人或此等事故的责任人享有的权利。

第 638 条　根据火灾保险合同,保险人应对火灾、可能变为真正火灾的火灾险情或可引起火灾发生的危险造成的全部损失承担赔偿责任。

保险人的赔偿责任范围不仅包括火灾直接造成的损失,而且也扩及于作为火灾之不可避免的后果的其他损失,尤其是由于避免火灾蔓延而采取的救助或防备措施而对保险标的造成的损失。

无论有无相反的约定,保险人均应对火灾中保险标的的灭失或丢失承担赔偿责任,但保险人能证明此等灭失或丢失应归之于盗窃者除外。

第 639 条　保险人应对火灾引起的损害承担担保责任,即使火灾系因保险标的自身的瑕疵所导致者亦同。

第 640 条　对投保人非故意的过失造成的损失以及因意外事件或不可抗力造成的损失,保险人均应承担赔偿责任。

无论有无相反的约定,对投保人故意或欺诈地造成的标的物之灭失或损失,保险人均不承担赔偿责任。

第 641 条　对投保人应对之承担责任的人造成的损失,无论行为人的过错的性质及严重程度如何,保险人均应承担赔偿责任。

第 642 条　如保险标的已被用于设定质押、抵押或其他物的担保,债权人享有的担保权利转而设定于债务人根据保险合同获得的保险赔偿金。

在上述权利应予公示或以挂号信通知保险人的情形下,保险人仅可在征得债权人同意的情况下免除他对投保人的义务。

如保险标的已被扣押或被作为讼争财产保管,已按前款规定之方式接受通知的保险人不得免除他对投保人的义务。

第 643 条　已根据火灾保险合同予以赔偿的保险人,有权就此等赔偿在投保人针对导致保险人责任的损害事实的肇事人的诉讼中行使代位权,但损害的肇事人系为投保人料理家务的血亲或姻亲,或投保人对之承担责任的人的情形除外。

第十一题 保 证

第一章 保证的构成要件

第 644 条 保证合同是保证人担保债务的履行,在债务人未履行债务的情况下对债权人清偿此等债务的合同。

第 645 条 即使主债可以证人证言证明,保证合同也只能以书面形式订立。

第 646 条 债务人承诺提供保证时,他提出的保证人须具有清偿能力且定居于阿尔及利亚。

债务人可自行设定充分的物的担保。

第 647 条 在债务人不知情甚至表示反对的情况下,亦可设定保证。

第 648 条 保证合同仅在被担保的债权有效时方为有效。

第 649 条 为无行为能力的债务人因此等无行为能力状态而为其债务设定保证时,如主债务人自己不履行债务,保证人应负责履行,但第 654 条第 2 款规定的情形除外。

第 650 条 如将来之债的金额已预先确定,当事人可为之设定保证。当事人亦可为附条件的债设定保证。

但如为将来之债设定的保证未规定保证责任期间,由于被担保的债尚未成立,此等保证可随时予以撤销。

第 651 条 即使保证人为商人,就商事债务设定的保证仍被视为民事行为。

但是,因对商业票据的担保或对商业票据的背书的担保而产生的保证,均被视为商行为。

第 652 条 保证责任不得超过债务人之债务的范围,也不得附加较之保证之债的条件更不利的条件设定保证。

但是,当事人可就小于主债的金额或以比被保证之债较少不利的条件设立保证。

第 653 条 除有相反的约定外,保证责任扩及于从债、债权人首次催告债务履行的费用及保证合同公示后产生的费用。

第二章 保证的效力

第 654 条 保证人的责任随债务人责任的消灭而消灭。保证人可以债务人享有的一切抗辩权对抗债权人。

但是,如果债务人的抗辩权基于其无行为能力而产生,则订立合同时知道债务人无行为能力的保证人不得享有此种抗辩权。

第 655 条 债权人一旦接受用于清偿债务的标的物,即使该标的物被要求返还,保证人的保证责任仍然消灭。

第 656 条 在债权人因其过错任其灭失的担保价值的范围内,保证人的保证责任相应免除。

本条规定的担保指一切就债权设定的担保,包括在保证成立之后依法律规定设定的担保。

第 657 条 保证人不因债权人迟延起诉或怠于行使权利而免除责任。

但是,如果债权人自受保证人催告时起 6 个月内未对债务人起诉,保证人的责任归于消灭,但债务人向保证人提供了足够担保的除外。

第 658 条 如债务人被宣告破产,债权人应在破产程序中申报其债权,否则,债权人在由此不作为导致的损失的范围内,丧失他请求保证人承担保证责任的权利。

第 659 条 债权人在保证人处获得清偿时,应向保证人移交保证人行使追偿权所必需的文件。

如债务为动产质权或对动产的留置权所担保,债权人应为保证人的利益放弃此等担保。

如债务之担保为不动产担保物权,债权人应履行就移转此等担保规定的手续。此等移转的费用由保证人承担,但保证人已对债务人起诉的除外。

第 660 条 债权人仅在对债务人起诉后,才可对保证人起诉。

债权人仅可在对债务人的财产申请强制执行后方可执行保证人的财产。在此种情形下,保证人可主张先诉抗辩权之利益。

第 661 条 保证人如主张先诉抗辩权,应以自己的费用向债权人指出属于债务人的、足以清偿全部债务的财产。

保证人指出的债务人的财产不得包括位于阿尔及利亚领土之外的财产或系讼争财产。

第 662 条 在保证人指出债务人财产的任何情形下,债权人应对因未在有效时间内起诉造成的债务人的支付不能自行承担责任。

第 663 条 如根据法律的规定或协议,债权被设定了物的担保,保证是在物的担保设定后或与之同时设定,且并未规定保证人应与债务人承担连带责任,则保证人的财产仅在执行担保物权设定的财产后方可被执行。

第 664 条 如就同一债务并通过同一行为设立了数个彼此无连带关系的保证人,应在数个保证人中分割债务,债权人仅可根据他在保证中的份额对各个保证人提出请求。

如各个保证是通过前后相继的行为所设立的,各保证人应对全部债务承担责任,但保留了分割保证责任之利益的保证人除外。

第 665 条 连带保证人不得主张先诉抗辩利益。

第 666 条 对于债务,连带保证人可主张一般保证人可主张的一切抗辩权。

第 667 条 根据法院判决或法律规定设定的保证均为连带保证。

第 668 条 如有数个连带保证人,清偿了全部到期债务的保证人可请求其他保证人清偿他分担的债务份额,并为他分担支付不能的连带保证人应承担的债务份额。

第 669 条 当事人可对保证人设定保证。在此种情形下,债权人仅在请求主保证人承担责任之后,方可请求次保证人承担保证责任。两个保证人间有连带关系的,不在此限。

第三章　保证人与债务人的关系

第 670 条 保证人在清偿债务前应通知债务人,否则,如债务人已为清偿或在债务到期时能通过一定方式主张债务无效或消灭,保证人丧失他对债务人的追偿权。

如债务人对保证人清偿债务不表示反对,即使债务人已为清偿或能通过一定方式主张债务无效或消灭,保证人仍对债务人享有追偿权。

第 671 条 清偿了债务的保证人代位取得债权人对债务人享有的一切权利。但在为部分清偿的情形下,保证人仅就债权人获得的部分清偿对债务人享有权利。

第 672 条　无论保证的设定为债务人所知或不为其所知,清偿了债务的保证人均对债务人享有追偿权。

追偿的范围包括债务本身及支出的费用。但在涉及费用的情形,保证人仅有权追偿在通知主债务人已对之起诉之日后支出的费用。

第 673 条　就同一债务存在数个连带债务人时,为全体债务人作保证的保证人有权对每一债务人追偿他已支付的全部款项。

第三编

主物权

第一题 所有权

第一章 所有权的一般规定

第一节 范围和罚则

第 674 条 所有权是享用和处分物的权利,但法律或条例禁止的使用除外。

第 675 条 物的所有人的权利及于构成该物的全部基本因素,除非导致该物灭失、品质降等或经受改变,这些基本因素才能被分开。

在享用的有益限度内,土地所有权及于地表之上及之下的空间。

根据法律的规定或约定,地表所有权可与地上部分的所有权以及地下部分的所有权分开。

第 676 条 除法律有规定或合同有相反的约定外,物的所有人对该物的孳息、收益和从物享有权利。

第 677 条 非因法律规定的事由并具备法律规定的条件,任何人的所有权均不受剥夺。

但在予以公正和公平的赔偿的条件下,基于公共利益的原因,行政机关可宣布全部或部分征收不动产或不动产物权。在就赔偿金额发生争议的情形下,该金额应经司法程序予以确定。在任何情况下,确定赔偿金额的诉讼不得构成对取得被征购之财产的占有的障碍。

第 678 条 国有化仅可根据法律而宣布。移转所有权的条件、方式及赔偿方式由法律规定。

第 679 条 在具备法定事由和法定条件的情况下,为保证国家需要而提供的必要的财产和服务的给付可通过友好协商或通过征用获得。

在任何情况下,作为现实居住之地不得成为征用之标的。

第 680 条 征用可针对个人或集体。征用应以书面形式作出。征用命令由省长签署,应指明要求之给付的性质和质量、支付赔偿金的数额和方式,如涉及所有权、使用权或服务的征用,还应载明对这些标的的简单描述。征用由市人民大会主席领导或通过他执行。

第 681 条　征用的赔偿金由当事人协商确定。当事人不能达成协议时，赔偿金额由法官根据法令具体规定的条件予以确定。

第二节　物与财产的分类

第 682 条　所有根据其性质或根据法律不在流通范围之外的物，均可成为财产权的标的。依其性质在流通范围之外的物，为不得为当事人排他拥有的物。根据法律在流通范围之外的物，不得作为财产权的标的。

第 683 条　一切具有固定、不动的基础、非经毁损不能移动的物，为不动产。不动产之外的物为动产。

但所有人放置于归他所有的不动产内、永久性地为此等不动产提供服务或使用的动产，被视为依用途确定的不动产。

第 684 条　一切以不动产为标的的物权，包括所有权以及所有以对不动产的权利为标的的诉权，均被视为不动产。

所有其他的财产权均为动产。

第 685 条　消耗物是作为符合其目的之用途仅表现为消费或转让之事实的物。

所有构成营业资产之一部分的物以及待出售的物，都被视为消耗物。

第 686 条　种类物是交付时可被另一物替代，并依习惯在交易关系中以数量、尺寸、体积或重量予以确定的物。

第 687 条　以无形物或无体要素为标的的权利，由特别法调整。

第 688 条　事实上或根据法律规定归集体使用的财产、政府机关或公用事业的财产、具有行政性质的机构及社会主义企业的财产、因土地革命归自治单位或合作社使用的财产，包括动产与不动产，其所有权均属国家。

第 689 条　国家财产不得转让，不可扣押，不适用时效制度。但将此等财产授予第 688 条列举的组织的法律确定了经营条件并进而规定了允许转让该种财产的条件。

第三节　所有权的限制

第 690 条　所有人行使其权利应符合现行法律有关公共利益和私人利益的规定。此外，所有人还应遵守以下规定。

第 691 条　所有人不得滥用权利以损害邻人的所有权。邻人不得因相邻关系中的一般性不便而提起诉讼。但如其不便超出通常的限度,邻人可请求排除妨害。法官应考虑财产的使用、不动产的性质、财产的各自状态及其目的等而予以裁决。

第 692 条　土地属于耕种者。

一切水资源属国民集体所有。

本条规定的适用方式,由有关土地革命的法律及有关水资源的勘察、分配、利用和支配的法律分别确定。

第 693 条　土地被围圈且无通道或无足够的通道进入公共道路时,其所有人可主张对邻人土地的通行权,并对由此造成的损害承担相应的赔偿责任。

第 694 条　开设进入公共道路的通道的工程造价过高且与土地的价值不成比例而存在重大困难的情况,被视为通道不足或不能使用。

相反,通道仅存在偶然的不便且以少量费用即可容易地排除,或通道的使用被容忍而未遭拒绝的情况,被视为有足够的通道。

第 695 条　如土地被围圈出于土地所有人的自愿行为,则无进入公共道路的通道或通道不足的土地之所有人不得主张通行权。

同样,如被围圈的土地所有人享有习惯上的通行权或依单纯的容忍而行使的通行权,他仅可在该习惯上的通行权消灭或该容忍被撤销的情况下主张通行权。

第 696 条　通行一般应采取最方便地连接被围圈土地和公共道路且对邻地所有人造成最小损害的路线。

第 697 条　当土地被围圈状态系因买卖、互易、分割或其他合同行为导致土地的划分造成时,仅可就作为前述行为标的的土地主张通行。

第 698 条　因土地被围圈产生的通行役权的基础及负担,经 15 年时效期间而确定。

时效期间届满时,非经被围圈土地所有人的同意,供役地所有人不得对通行役权的基础进行改变、替代或移转。

第 699 条　被围圈土地的所有人在 15 年期间内已据之行使其权利的对通行的占有,等同于为其利益设定役权的土地之从物的役权取得证书。为被围圈土地之利益的通行役权一旦因时效取得,则不因最初导致通行役权产生的被围圈状态的暂时或确定的终止而消灭。

第 700 条　供役地所有人为被围圈土地之所有人的利益放任时效经过,通行权因 15 年的使用和占有而取得时,不得再行请求赔偿。

第 701 条 在应对供役地之所有人为赔偿之情形,其赔偿可采用一次性支付的赔偿金的形式,也可根据行使通行权产生的损失之比例按年赔偿一定的金额。

第 702 条 被围圈情形下的通行役权尽管具有土地的所有人与所有权受让人各自的占有不能累计的特点,仍可引起占有之诉,即使被围圈之土地的所有人尚未以时效取得此等役权的基础和样态,亦同。

第 703 条 任何所有人均有权强制其邻人设置界标以划分其相邻所有权的界限。分界之费用由双方分担。

第 704 条 分界互有①墙的所有人有权按其用途利用该墙,并有权以该墙为依托支搭以支撑其屋顶的梁木,但其重量不得超过该墙能承受的程度。

如分界互有墙已变得不适合于通常所预期的用途,修理费用和重建费用由各共有人按其各自份额的比例负担。

第 705 条 基于重大利益,所有人可加高分界互有墙,但不得由此造成其共同所有人的重大损失。该所有人应独自承担加高费用,负责加高部分的维修,并实施必要的工程以使分界互有墙能承受因加高而增加的重量,避免降低其稳固程度。如分界互有墙之状态无法承受加高,意欲加高该墙的共有人应以其费用对共有墙全部予以重建,并尽可能采取措施使该墙厚度增加的部分位于自己一侧的土地。除增高部分外,重建后的分界互有墙仍为共有,加高该墙的邻人不得主张任何补偿。

第 706 条 未对加高出资的邻人,如支付了已花费的加高费用的一半,及在存在厚度增加的情形下,支付了因厚度增加而多占据的土地之价值的一半,可成为加高部分的共有人。

第 707 条 如无相反之证明,修建时即用于分隔两所房屋的墙,至共用部分高度界线止,推定为分界共有。

第 708 条 所有人不得强制其邻人修建围墙,也不得强制他出让分界互有墙或建造该墙的土地属其享有权利的部分,但第 697 条规定的情形除外。

非因重大理由,所有人不得故意拆毁分界互有墙以致造成其房产已被该墙围绕的邻人之损失。

第 709 条 任何人不得在少于 2 米的距离内直接眺望其邻人。该距离应

---

① "互有",原文为"Mitoyenneté",指依标的物之性质共有人无分割请求权的共有。——编者注

从窗户所在的墙的外侧边石、阳台或凸出物的外缘线计量。

如以时效取得了在不到 2 米的距离内对邻人土地的直线眺望,该邻人在依前款规定方式测量的不到 2 米的距离内不得修建建筑物,此区域以眺望权人所属的建筑为圆心以 2 米为半径而展开。

第710条 任何人不得在自开启的门窗边缘起不到 60 公分的距离内对其邻人为斜线的眺望;如这一对邻地的斜线眺望同时包含对公共道路的直线眺望,则此等禁止性规定不得适用。

第711条 为使房间内更加明亮,目的仅在通风及通光且不可能用来对邻地进行眺望而开启的距房间地面 2 米以上的天窗,不受任何距离的限制。

第712条 工厂、矿井、蒸汽机及所有其他有害邻人的设施应相距邻人一定距离,并根据有关条例规定的条件予以建造。

第四节 共有权

第713条 两人或数人对一项财产享有所有权而未划分各人的份额者,为共有人,除有相反证据外,共有人各自的份额被视为相等。

第714条 任何共有人对其份额享有完全的支配权,可对之进行处分、收取其孳息及享受其利益,但不得对其他共有人的权利造成损害。

如处分行为系针对共有物的某一经分割的部分,而此等部分在对共有物进行分割时未被列入处分人的份额,则受让人的权利自转让之日起移转至处分人在分割中取得的份额。受让人如不知处分人并非被分割之物的所有人,可主张处分行为无效。

第715条 如无相反的约定,共有物的管理权属于全体共有人。

第716条 多数共有人就一般管理行为所作的决定对全体共有人具有约束力。该多数应根据共有份额的价值计算。如不能形成多数,依共有人之一的请求,法院可采取必要措施并根据需要指定管理人对共有财产进行管理。

多数共有人亦可选任管理人,并确定管理和享用共有物的规则,此规则同样适用于任何共有人的权利义务之概括承受人或特定权利义务的承受人。

在其他共有人不反对的情况下,管理共有财产的共有人被视为其代理人。

第717条 为了更好地享用共有物,拥有至少 3/4 以上份额的共有人可超出对共有物的一般管理决定对共有物的用途进行根本的变更或变换,但这一决定应通知其他共有人。自通知之日起 2 个月内,有异议的共有人可向法院起诉。

受理此种诉讼的法院在确认多数作出的决定的同时,可采取它认为适当的任何措施,尤其是责令对持异议的共有人提供担保,以保障此等人可获得赔偿。

第 718 条　即使未经其他共有人的同意,任何共有人亦可就共有物的保全采取必要措施。

第 719 条　共有物的管理费用、保全费用、应交纳的税收以及因共有产生的所有负担或设定于共有物的所有担保,均由全体共有人承担,各共有人应按其份额的比例承担责任,有相反规定的除外。

第 720 条　拥有共有物至少 3/4 份额的共有人可决定转让共有物,但其决定需基于重大理由且须以非诉讼文书通知其他共有人。自通知时起 2 个月之内,持异议的共有人可向法院起诉。在共有财产的分割损害了共有人利益的情况下,法院可根据具体情况对转让共有物的行为是否应当成立作出判决。

第 721 条　在分割共有财产前,动产、集合动产或不动产的共有人可对共有人之一协议出卖给第三人的份额行使收回权。收回权应自其他共有人知道该项买卖之日或该项买卖被通知其他共有人之日起 1 个月内行使。收回权的行使应采用向出卖人和受让人发出通知的方式。收回权人向受让人补偿他支付的款项后即代位行使其权利并承担其义务。

如有数个收回权人,各收回权人可按其份额的比例行使收回权。

第 722 条　任何共有人均可请求分割共有财产,但根据法律或协议,共有人应维持共有之存续的除外。

当事人不得约定在超过 5 年的时间内禁止分割共有财产。如当事人约定的期间不超过 5 年,该约定对于共有人及其权利义务承受人均为有效。

第 723 条　在全体共有人同意的情况下,共有人可采用他们愿意的方式分割共有财产。如共有人中有无行为能力人,应遵守法律规定的程序。

第 724 条　如部分共有人不愿分割共有财产,则意欲结束共有状态的共有人应以其他共有人为被告向法院起诉。

法院在必要时可指定一个或数个鉴定人对共有物进行估价并将之分割为数个份额,此种安排适用于共有物的性质为可分物、对之分割不会使其价值大量减少的情况。

第 725 条　鉴定人在确定分配额的构成时,应以最小的份额作为计算基数,在作部分分割时,亦同。

如共有人之一不能以实物形式获得其全部份额,应给予他补足金以补偿其份额中缺少的部分。

第 726 条 法院应对一切争议,尤其是对关于分配额构成的争议作出判决。

第 727 条 以抽签的方式进行的分割,法院应为之制作笔录,并把每一共有人在分配中取得的份额记载在判决中。

第 728 条 如实物分割无法进行或者有可能导致其财产价值严重减少的,应根据《民事诉讼法典》规定的规则对共有物进行拍卖。如共有人一致同意请求拍卖,则竞买被限于仅在共有人中进行。

第 729 条 未参与共有物的实物分割或者拍卖的各共有人的债权人均可对之提出异议。

全体共有人应对此等异议予以答复,并负有将有关行为及其程序告知持异议的债权人的义务,否则,分割行为对此等债权人无对抗力。在任何情况下,共有人在提起分割共有财产的诉讼之前,必须通知已登记的债权人。

如财产分割已完成,未参与的债权人仅可在共有人存在欺诈的情况下提出异议。

第 730 条 对于经分割所获得的财产,共有人被视为从共有成立时起即享有所有权,且对其他财产自始不享有所有权。

第 731 条 对共有财产分割前的原因造成的侵害或第三人对所有权的追夺,共有人相互承担担保责任。各共有人应根据其份额的比例,并考虑分割时物的价值,对被请求赔偿或受第三人追夺所有权的共有人承担赔偿责任。如共有人之一支付不能,他应承担的份额由负担保责任的共有人和全体有清偿能力的共有人承担。

如共有人在分割共有财产的协议中以特别的明示条款表示愿意承受第三人追夺的风险,则不发生其他共有人不承担担保责任。如共有人因过失而遭受第三人追夺,其他共有人亦不承担担保责任。

第 732 条 共有人如能证明他因协议分割遭受的损失超过分割时标的物价值的 1/5,可请求撤销该协议。

此等诉讼应自共有物分割后 1 年内提起。该共有人的份额如经其他共有人以现金或实物予以补足,可终止诉讼程序并不再重新分割。

第 733 条 通过临时分割协议,共有人可约定各共有人可享用与其在共有物中的份额相等的分割部分,但应为其他共有人的利益放弃对其他部分的享用。这一协议的有效期限不得超过 5 年。如协议未约定期限或约定的期限届满后当事人未达成新的协议,临时分割的有效期应延长 1 年。但在期限届满当年年底前的 3 个月内,共有人之一终止此等分割的,不在此限。

如临时分割的期限被延长到 15 年,除有相反的约定外,即转换为永久分割。如共有人之一对分割部分的占有持续了 15 年,其占有被推定为系根据临时分割而发生。

第 734 条　共有人约定各共有人均可在与其份额相对应的期间内享用共有物之整体,同样构成临时分割。

第 735 条　就临时分割对第三人的对抗力、共有人的行为能力、共有人的权利义务以及证明方式等事项,如不与临时分割的性质不相容,适用关于租赁合同的规定。

第 736 条　共有人可约定在永久分割进行期间为临时分割。临时分割的效力可存续至永久分割完成之时。

如共有人不能就临时分割达成协议,法院可应共有人之一的请求命令为此等分割。

第 737 条　如果财产之被设定的目的应持续于整个共有期间,则共有人不得要求分割正用于此种目的的财产。

第 738 条　共同劳动或具有共同利益的同一家庭的成员,可以书面形式协议设立家庭共有财产。此等共有财产可根据约定包括全部或部分遗产,也可包括属于家庭成员的其他任何财产。

第 739 条　当事人可协议设定持续期间不超过 15 年的家庭共有。但在有重大理由的情形下,各共有人可于约定期限届满前请求法院许可他们分出自己在共有财产中的份额。

如共有未定持续期间,各共有人均可在提前 6 个月通知其他共有人的条件下分出其份额。

第 740 条　在家庭共有存续期间,未经全体共有人同意,共有人不得请求分割,也不得为家庭成员之外的第三人的利益处分其份额。

如家庭成员之外的第三人因自愿或强制的转让取得共有人之一的份额,该人非经其他共有人同意,不得参加家庭共有。

第 741 条　在价值上占多数之份额的共有人,可在共有人中指定一人或数人为管理人。除非有相反的约定,管理人可改变共有物被设定的目的以确保更好地享用该物。

即使有相反的约定,管理人的资格亦可按与任命方式相同的方式予以撤销;法院亦可基于重大事由,根据全体共有人的请求撤销管理人的资格。

第742条 在不违反前述规定的条件下,家庭共有适用关于共有权以及委托的规定。

第五节 建筑物不动产的共有

第一目 一般规定

第743条 建筑物不动产或不动产群,其所有权为数人按份额分享,每个当事人在对专有部分独自享有权利之同时,对共同部分亦享有其份额的,构成共有。

第744条 建筑物及土地分别属于各共有人且为各共有人排他、专门使用的部分,为专有部分。

视为专有部分的包括:

——砖贴面、面板、土地的覆盖层;

——主体工程之外的天花板及地板;

——隔板及隔板上的门;

——开向平台的门、窗户、落地窗、百叶窗、护窗板或遮帘及其从物;

——窗上的扶手栏杆、阳台上的铁栏杆及柱子;

——墙及隔板的内面粉刷层;

——内部管道及专门连接物、设施、开关及其相关从物;

——壁炉的框饰和壁头饰板、箱柜和假箱柜;

——盥洗室、卫生间以及抽水马桶的卫生设施;

——厨房设施;

——用于专有房间内部的特定的暖气及热水设施。

未包含于主体结构工程的用于分割专有房间的隔板或墙,视为相邻人互有。

第745条 建筑物及土地共同属于全体共有人,各共有人依比例对之享有一定的份额,为全体共有人或其中数人使用或利用的部分,为其共同部分。

视为共同部分的包括:

——土地、院子、停车场及花园、进出通道;

——建筑物的主体结构工程、共用设备的零件,包括穿越专有房间的管道和设施的零件;

——共同使用的箱柜、烟囱管罩和烟囱头；

——凉廊、阳台、平台，即使其全部或部分归个别共有人专有使用，亦同；

——共用的厨卫处所；

——大厅及进口的过道、走廊、楼梯、电梯。

视为共同部分之从物的包括：

——在属于构成不同专有部分的数个房间的院坝、停车场进行新的建筑的权利；

——在构成共同部分的院坝、停车场、花园建造房屋的权利。

第 746 条 属于各共有人的共同部分的份额，在价值上应与各专有部分在此等部分之总价值中所占的比例相当，在共有权设定期间，此等价值应根据份额的结构、面积及位置予以确定，但不考虑其使用情况。

第 747 条 共同部分及其从权利不得与专有部分分开从而成为分割之诉或强制拍卖的标的。

第 748 条 共有章程，无论是否包括关于分割的说明，均应确定专有部分和共同部分的用途及其使用条件，同时也应确定共同部分的管理规则。

除依不动产的用途、特点及其所处状态为必需者外，共有章程不得对共有人的权利加以任何限制。

第二目 共有人的权利和义务

第 749 条 各共有人可处分包括在其份额中的专有部分，在不损害其他共有人的权利及不影响不动产之用途的条件下，可自由地使用和享有其专有部分及共同部分。

第 750 条 共有人应分摊两种费用：

——因集体使用的厨卫产生的费用、为每一专有部分的利益设置的共同设备的零件费用；

——对包括在各共有人份额中的专有部分的保养、维修及管理费用。共有章程应规定各共有人之份额应承担的各种费用。

第 751 条 费用的分摊非经 2/3 以上多数共有人的通过不得变更。但经共有人大会绝对多数通过决定施工、取得行为或处分行为时，费用分摊的变更也须经共有人大会以同样的多数通过。

如共有人大会未就变更分摊费用的依据作出决定，任何共有人均可诉请不动产所在地法院确定必要的新的费用分摊方法。

第 752 条　如某一共有人的分摊份额超过根据第 750 条之规定分摊的第一种或第二种费用的 1/4,或其他共有人的分摊份额少于根据同条规定分摊的第一种或第二种费用的 1/4,各共有人可诉请法院修改费用分摊方法。法院可确定新的费用分摊方法。

此种诉权应由全体共有人在共有章程经不动产登记机关公示起 5 年期间内行使;此种诉权也可由共有份额的受让人在第一次有偿转让该份额时起算的 2 年的期间届满前行使。

第 753 条　共有章程及可能对之作出的变更仅在经不动产登记机关公示后,方可对抗共有人的特定权利承受人。

第 754 条　有偿出让其份额的共有人应在 1 个月内向公证人提出证据,证明他已履行对共有人团体承担的一切义务,并根据受让人的要求,以附回执的挂号信形式将权利变动通知共有人团体的代表人;该代表人应在权利变动通知到达时起算的 8 日内,就有关经费的缴纳提出异议,以取得应由原共有人支付的金额。

第 755 条　共有人团体具有民事法律人格。

第 756 条　共有人团体对各共有人的任何性质的债权,均由设定于各共有人之份额上的法定抵押权担保。

共有人团体的上述债权还享受保留给不动产出租人的优先权。

第三目　共有的管理和经营

第 757 条　共有人团体的代表人由第一次共有人大会任命,共有人大会亦可为他增设一名替代人。

在共有人大会未作任命的情况下,法院院长可根据一个或数个共有人的要求指定共有人团体的代表人。

第 758 条　共有人团体的代表人专门负责:

——确保执行共有章程的规定和共有人大会的决议;

——管理不动产,包括对不动产的保管、监督、维修及在紧急情况下提议为保护不动产实施一切必要的工程;

——在所有的民事活动和诉讼中代表共有人团体,在无须征得各共有人同意的情况下公告对共有章程的变更;

——共有人团体的代表人仅对其经营行为承担责任,他不得指定自己的替代人。

第 759 条 共有人团体代表人的任期不得超过 2 年,但可连任。

代表人履行职责可由从共有人中选出的人予以监督,也可由共有人之外的人予以监督。

在代表人有障碍或不能行使共有人团体的权利和诉权之情形下,可由法院指定临时管理人。

第 760 条 通常情况下,共有人大会可按第 766 条规定的多数指定至少有 3 个成员的共有人团体理事会,在达不到上述多数时,由法院院长根据一个或数个共有人的请求予以指定。

共有人团体代表人及其配偶不得参加理事会,即使其配偶为共有人,亦同。

第 761 条 共有人团体理事会的职责是保证共有人团体和共有人团体代表人间的协调,协助代表人的工作并监督其经营活动。

共有人团体理事会每 6 个月至少应根据其主席的要求召开一次会议;此外,亦可根据理事会成员或共有人团体代表人的要求随时召开会议。

共有人团体理事会的决定应取得投票人的简单多数,但以与会的成员不少于 3 人为条件。

第 762 条 共有章程应根据第 764 条及第 765 条之规定的限制确定共有人大会的运作规则和权力。

各共有人拥有的表决权票数应与他们在共同部分中所占的份额相对应。

第 763 条 共有人大会在共有人团体代表人认为需要时召集,每年应至少召开一次。

在设有共有人团体理事会的情形中,共有人大会亦可因共有人团体理事会应此等要求的情况下召集,还可由一个或数个拥有全体共有人选票中至少 1/4 票数的共有人召集。

每次全会召开时应首先选举会议主席。

除大会作出相反的决定外,共有人团体代表人应确保会议的秘书工作。但在任何情况下,代表人及其配偶,即使为共有人,亦不得主持会议,且不得接受共有人的委托担任其代理人。

大会仅可就列入议事日程的问题进行讨论。

第 764 条 大会就讨论的有关适用共有章程的问题、就事先未预料到并普遍涉及共有权之利害关系的问题所作之决定,须取得出席或被代表出席的共有人的多数票。

第 765 条　共有人大会就普遍涉及下列事项所作之决定,须经包括缺席或未被代理出席的共有人在内的全体共有人的多数票通过:

——授权某些共有人以其费用实施影响共同部分的工程或符合不动产目的的不动产外表工程;

——任命或撤销共有人团体代表人或理事会的成员;

——如果处分共同部分或这些共同部分的从权利的行为出于法定的或条例规定的义务,此等处分行为实施的条件;

——根据立法或条例的规定有义务实施的工程的完成样态;①

——因一项或数项专有部分之使用的改变而有必要变更第 750 条规定的费用分摊的情况。

如不能按本条规定的多数作出决定,则按照以下第 766 条规定的条件成立新的共有人大会。

第 766 条　共有人大会就下列事项作出决定,须取得代表至少 3/4 表决票数的共有人团体成员的多数通过:

——除第 765 条第 4 项规定的行为之外的不动产取得行为及处分行为;

——就共同部分的享有、使用及管理事宜变更甚至重立共有章程;

——除第 765 条第 5 项规定的情形之外的改建、增建或改良工程。

第 767 条　共有人大会不可根据多数人意见,强迫某一共有人改变其专有部分之共有章程规定的用途或享用的样态。

除全体共有人一致投票通过外,共有人大会不得决定转让保证不动产用途所必需的共同部分。

第 768 条　在符合不动产用途的条件下,共有人大会可根据第 766 条规定的双重多数,决定对不动产实施任何改良行为,包括对现有设备的一个或多数零件进行改建,增添新零件,对共同使用的空间进行布置或设立此种空间。

依上述多数,共有人大会可根据各共有人就有关工程所得利益的比例确定工程费用的分摊及第 770 条规定的赔偿费用的分摊。

依上述多数,共有人大会可确定对共同部分的运作、维修及替换费用的分摊,以及确定改建或新设的零件之费用的分摊。

共有人大会作出的决定,对共有人具有约束力。共有人应按大会确定的

---

①　"样态"包括期限、条件和负担(例如赠与人要求受赠人以受赠财产为某种行为)等法律行为的限制因素,是三者的属概念。——编者注

比例分担偿付的工程费用、第 770 条规定的赔偿费,以及共同部分的运作管理、维修及替换费用,或改建或新设的零件之费用。

第 769 条　为新建专有使用的空间而加高建筑物或新建建筑,仅在全体共有人一致同意的情况下,才能在共有人团体的监督下实施。

以相同目的转让现有建筑物所要求的加高之权利的决定,除应取得第 767 条规定的多数外,还应征得有待加高之建筑物顶层的共有人之同意。

第 770 条　因实施工程导致其共有份的价值确定地减少,或导致其享用上的即使是临时的严重不便,或导致等级降低时,遭受损失的共有人有权请求赔偿。

全体共有人应分摊赔偿:如为依第 769 条规定的条件决定的施工,应由各共有人根据工程的成本按比例分摊;如为依第 769 条规定实施的加高工程,应根据各共有人在共同部分中所占权利的最初比例分摊。

第 771 条　在建筑物全部或部分毁损的情形下,其份额包含于被毁损的房屋中的共有人的全体会议,可以此等共有人表决票的多数决定重建建筑物或修复被损坏的部分。

被毁不动产的赔偿费用应优先用于重建,但不得损害已登记的债权人的权利。

第 772 条　因适用共有规约在共有人间或在某个共有人与共有人团体间产生的债权诉讼,其时效期间为 10 年。

以共有人大会之决定为争议标的的诉讼,持异议的共有人或未出席会议的共有人应自共有人团体代表人通知大会决定之时起算的 2 个月期间内提起,逾期者丧失其权利。

第二章　所有权的取得方式

第一节　先占与继承

第 773 条　一切无主财产、无人继承的财产或全部继承人均抛弃继承的财产,均属国家所有。

第 774 条　继承人的确定、其继承份额的确定以及遗产的移转,适用《家庭法典》的规定。

第二节 遗 嘱

第 775 条 遗嘱适用《家庭法典》及其他有关法律的规定。

第 776 条 当事人在病危期间以赠与为目的实施的任何法律行为均被视为遗嘱处分,不论该行为是否被命名为遗嘱,均应适用关于遗嘱的规定。

处分行为人的继承人应证明该法律行为系行为人在其病危期间实施的。此种证据可采用任何形式。如该行为未指明具体日期,继承人无须证明其日期。

如继承人证明了该行为系行为人在其病危期间实施,除非受益人有相反证据,否则该行为被视为系为遗赠目的而实施的。法律有特别的相反规定的,不在此限。

第 777 条 如无相反的证据,行为人为其继承人的利益实施处分行为的同时,以某种方式保留自己在其生存期间对此等被转让之标的物的占有、享用的权利的,此行为视为遗嘱处分,应适用关于遗嘱的规定。

第三节 添 附

第 778 条 河流以连续而不易察觉的方式形成的冲积地,属河岸土地之所有人。

第 779 条 海洋的冲积地属于国家。

禁止侵占海洋。为避免波浪冲击而形成的人造地属于国家。

第 780 条 与湖泊和池塘等静止水体相邻之土地的所有人不能取得因此等水体消退后露出之土地的所有权,也不丧失此等水体淹没之土地的所有权。

第 781 条 因河流改道被改变位置或露出的土地的归属及在河床中形成的岛屿,适用特别法的规定。

第 782 条 土地之上或之下存在的任何种植物、营造物或其他工作物,被推定为土地所有人以其费用种植或修建并归其所有。

但工作物如被证明系第三人以其费用完成,同时亦可证明土地所有人已给予第三人以已存在之工作物的所有权或建造此等工作物的权利,则第三人取得其所有权。

第 783 条 以属于第三人的材料种植或修建的种植物、营造物或其他工作物,如此等材料非经严重损坏工作物不能拆除,或虽可能为此等拆除,但材料所有人自知道此等工作物使用了其材料之日起超过 1 年未提起返还原物之诉时,为土地所有人所有。

在土地所有人取得材料所有权的情形下,他应支付原材料的价款并赔偿由此造成的损失。在返还原物的情形下,拆除材料的费用应由土地所有人承担。

第784条 如第三人在明知的情况下以自己的材料修建工作物而未征得土地所有人同意,后者在知道此等工作物施工之日起1年的期间内,有权请求第三人以自己的费用拆除并赔偿由此造成的损失,也可通过支付工作物被拆除时的价值以及支付相当于因修建该工作物为土地增加的价值的金额,取得该工作物的所有权。

在对土地不产生任何损害的情况下,修建工作物的第三人可请求拆除,但土地所有人愿意根据前款规定的条件保有该工作物的,不在此限。

第785条 如第784条所述之建造工作物的第三人为诚信,土地所有人无权要求他拆除,但在第三人未请求分割此等工作物的情况下,土地所有人可按如下选择向第三人为支付:或者向第三人支付材料的价值及人工费;或者向第三人支付相当于因修建此等工作物为土地增加的价值的金额。

但如果该工作物过于昂贵以至于偿付其价值超过了土地所有人的经济负担能力,后者可请求向该第三人转让土地所有权,同时取得公平的赔偿。

第786条 如第三人在取得土地所有人授权后以自己的材料修建工作物,在不能就此等工作物达成协议的情况下,土地所有人不得请求拆除;如第三人未请求分割财产,土地所有人应对之偿付第785条第1款规定的两种价值中的一种。

第787条 第841条之规定,适用于第784条、第785条及第786条3条规定的赔偿之支付。

第788条 如所有人在自己的土地上为建筑时诚信地侵占了部分相邻土地,法院可依具体情况强制被侵占的土地所有人向其邻人转让被建筑物占有的那部分土地,但他应获得公平的赔偿。

第789条 非以永久性建筑的意思在他人土地上修建的小木屋、店铺、木板房等轻型营造物,其所有权属建筑人。

第790条 第三人以他人的材料修建工作物时,材料所有人不得要求返还原物,但有权要求该第三人予以赔偿,亦有权要求土地所有人在他从该工作物取得之价值的范围内予以赔偿。

第791条 分属两个不同所有人的两项动产发生混合,非经损坏不能分开时,如该两个所有人之间不能达成协议,法院应考虑造成的损害、各当事人的条件及是否为诚信等,依公平原则予以处理。

第四节　所有权合同

第 792 条　在处分行为人享有所有权之不动产不违背第 164 条及以下各条之限制规定的情况下,不动产的所有权及其他物权依合同移转。

第 793 条　不动产的所有权及其他物权仅在遵守法定程序,尤其是遵守法律有关不动产公示之规定的情况下,方可在当事人间或在当事人与第三人间发生移转。

第五节　先 买 权

第一目　行使条件

第 794 条　先买权是在不动产买卖中,在以下各条规定的情况和条件下,取代买受人的一种权利。

第 795 条　在遵守《土地革命条例》规定的限制的前提下:

——在出卖与空虚所有权相对应的用益权之全部或部分的情形下,先买权属于空虚所有人;

——在共有人之一将共有的不可分不动产的份额出卖给第三人的情形下,先买权属于另一共有人;

——在出卖与其用益权相对应的空虚所有权之全部或部分的情形下,先买权属于用益权人。

第 796 条　在同时有数个先买权人的情形,先买权依下列条款规定的顺序行使:

——如数个先买权人属于同一顺序,先买权由各先买权人按其权利的比例分别享有;

——如受让人符合第 795 条规定的成为先买权人的条件,他优先于与其同顺序或后顺序的其他先买权人,但顺序在前的先买权人不在此限。

第 797 条　如买受人取得设定有先买权的不动产后,在先买权人就其先买权未作任何声明之前,或在此等声明按第 801 条的规定登记之前,又将该不动产出卖,则先买权仅可依该买卖行为的条件向第二受让人行使。

第 798 条　下列情形不成立先买权:

——买卖系采取符合法律规定程序的公开拍卖方式进行；

——买卖发生于尊亲属与卑亲属之间，或配偶之间，或第四亲等以内的血亲之间，或第二亲等以内的姻亲之间；

——出卖的土地系用于礼拜活动或应被并入另一已作此种用途的不动产。

第二目　程　　序

第 799 条　欲行使先买权的当事人应自得到出卖人或买受人向他发出的催告通知之日起 30 日之内，向出卖人或买受人作出行使其先买权的声明，否则其先买权归于消灭。前述期间应增加相应的距离期间。①

第 800 条　前述第 799 条规定的催告应具备下列内容，否则无效：

——充分指明作为先买权标的的不动产的具体状况；

——按法定程序予以证明的价款及费用的金额，出售的条件，出卖人和买受人的姓名、职业及住所，第 799 条规定的作出先买权声明的 30 日的期间。

第 801 条　先买权的声明应以公证书为之，由法院的书记官予以通知，否则无效。先买权声明未经登记不得对抗第三人。

上述价款及费用应在至迟不超过先买权声明作出之日起 30 日全部交由公证人保存，否则先买权归于消灭，上述保存应在采取先买权行动前进行。

第 802 条　针对出卖人或受让人的先买权请求应在自根据第 801 条规定的先买权声明作出之日起 30 日之内向不动产所在的法院提出，否则先买权归于消灭。

第 803 条　在不违背不动产公示规则的情况下，应先买权人请求直接作出的终局判决，对先买权人具有相当于所有权证书的法律效力。

第三目　先买权的效力

第 804 条　先买权人取代买受人承受他对出卖人的全部权利和义务。

但先买权人仅在得到出卖人同意的情况下，才可享受原赋予买受人的支付价款的期限利益。

---

①　"距离期间"，由于当事人离法律关系的中心地不同，接受通知的时间必然不一，因此，对于距离远的当事人，应额外给予一定的时间使其得到通知。例如《法国民法典》第 1 条规定，每 100 公里增加 1 日。——编者注

如在行使先买权之后,不动产被第三人追夺,先买权人仅可对出卖人起诉。

第805条 如在先买权声明作出之前,买受人已在作为先买权标的的不动产上进行建筑或种植,先买权人应选择下列方式中之一补偿买受人:或补偿他支出的费用,或补偿该不动产因建筑或种植而增值部分的金额。

但如建筑或种植系在作出先买权声明后所为,先买权人可请求予以去除。如先买权人选择保有该建筑或种植,只应负责支付该建筑的材料的价值、人工费或种植的费用。

第806条 在先买权声明公示之后设定的抵押权、买受人承受的分摊费用及其摊派以及他同意的出售、由买受人设定或对抗受让人的一切物权,对先买权人均无对抗力。但是,已登记的债权人保留他对返还给买受人的不动产价款的优先受偿权。

第四目 先买权的终止

第807条 在下列情形下,先买权不得行使:

——在出售成立前先买权人放弃其先买权;

——自出售行为登记之日起已超过1年期间;

——法律规定的其他情形。

第六节 占 有

第一目 占有的取得、移转及丧失

第808条 占有不得基于纯属随意的行为或单纯的容忍行为成立。

以暴力、欺瞒或容假①进行的占有,仅在这些瑕疵消除之时起,方可对因暴力、欺瞒及容假而受损害的人产生效力。

第809条 无行为能力人可通过其法定代理人取得占有。

第810条 在遵守《土地革命条例》规定的限制的条件下,只要中间人系

---

① 容假指所有人免费地、不确定期限地把物给人使用,但可以随时收回(D.43,26,1pr.)。容假类似于使用借贷,所有人不是为了让标的物为收受人所有,只是允许他使用而已。与使用借贷的区别是这种借贷附有期限,期限不到出借人不得索回物,而容假没有期限,但标的物可以随时被索回。——编者注。

以占有人的名义实施占有,且与后者具有一种必须根据其指示实施占有行为的从属关系,则占有可通过中间人实施。

在容假之情形,占有实施者被推定为为自己的利益实施占有。如占有人系继续一项先前的占有,则其占有期间与前占有人的占有期间合并计算,此等被合并计算的占有期间被推定为以开始占有人的名义进行。

第 811 条 即使未实际交付占有标的物,只要占有人的权利承受人能实际享有和行使占有权,则占有亦因占有人与其权利承受人之间的意思表示一致发生移转。

第 812 条 即使未实际交付占有标的物,占有亦可因占有人为其权利承受人的利益继续实施占有,或后者为自己的利益持续其占有而发生移转。

第 813 条 交付交由承运人托运的商品或存入仓库的商品的提单或仓单,等同于交付相应商品。

但如此等有价证券被交付给一人,而商品被交付给另一人,该两人均为诚信,则收受商品者享有优先权。

第 814 条 占有连同其全部属性以概括方式移转于权利承受人。但如占有的开始者为恶信,能证明其自身之诚信的权利承受人可受法律保护。

特定权利的承受人就其占有可享受占有开始者因时效获得的利益。

第 815 条 占有人放弃行使其占有权或占有人基于其他任何方式丧失对占有权的行使,占有即行终止。

第 816 条 如占有人不能行使他拥有的占有权系因某种暂时性的障碍,则占有不发生终止。

但如此等障碍持续 1 年,且由此导致违背占有人意思或不为占有人知晓的新占有的产生,则占有即行终止。如新占有系公开发生,则该 1 年期间自新占有开始之时起算;如新占有以欺瞒方式开始,则该 1 年期间自原占有人知道新占有发生之日起算。

第二目 对占有的保护

第 817 条 其不动产被剥夺占有的当事人可在此等剥夺占有发生后 1 年内诉请恢复其占有。如剥夺占有以欺瞒的方式进行,则该 1 年期间从此等欺瞒被发现之日起算。

为他人实施占有的当事人亦可诉请回复占有。

第 818 条 如被剥夺占有者的占有持续不足 1 年,他仅可在其占有具有优先性的情况下对剥夺其占有的行为人提起回复占有之诉。根据合法证书而为的占有具有优先性。如两个占有人均无合法证书,或他们分别具有的合法证书效力相等,则其证书日期在先者的占有具有优先性。

如剥夺占有系以暴力进行,则占有人可在任何情况下自剥夺占有发生后1年内诉请回复占有。

第 819 条 对于接受被侵占物的第三人,即使为诚信,被剥夺占有者亦可在法定期限内对之提起回复占有之诉。

第 820 条 对不动产的占有持续 1 年的当事人,如其占有遭到妨害,可在妨害发生起 1 年内向法院起诉以排除此等妨害。

第 821 条 占有不动产超过 1 年的占有人,如有正当理由担心其占有受到新建工程的妨害,以此等工程尚未终止以及自导致损害的工程开工起未超过 1 年为条件,可请求法官责令停止此等工程。

法官可禁止或许可继续施工。在这两种情况下,法官可责令当事人提供适当的担保:在判令停工的情形下,如终局判决认定反对继续施工的理由不成立,则该担保用于赔偿因停工造成的损失;在判令继续施工的情形下,如终局判决对占有人有利,则该担保用于全部或部分拆除建筑物及赔偿占有人遭受的损害。

第 822 条 同一权利的数个占有人发生争议时,标的物的实际占有人应被暂时推定为占有人,但该占有人以欺诈方式取得此项占有的除外。

第 823 条 除有相反证据外,权利占有人被推定为该项权利的享有人。

第 824 条 不知导致侵害他人之权利的权利占有人被推定为诚信,但此种不知系由重大过失造成的除外。

如占有人为法人,应根据其代表人应否知情来确定诚信或恶信。

诚信的推定在被相反证据推翻前始终成立。

第 825 条 占有人知道其占有导致损害他人之权利时,其诚信即行丧失。

占有的瑕疵一旦经法院的诉讼文书通知占有人,其诚信即行终止。以暴力僭夺他人之占有者,视为恶信。

第 826 条 除有相反证据外,占有一直保持其被取得时所具有的属性。

第三目 占有的效力:取得时效

第 827 条 非所有人或权利人对动产或不动产,或对动产或不动产物权实施占有的,如其占有不中断地持续 15 年,即成为该物或权利的所有人。

第 828 条　根据一项对不动产或不动产物权的权利证书进行的诚信占有,取得时效期间为 10 年。

诚信仅在权利让与行为之时为必要。

正当的权源是物的非所有人或有待因时效消灭之权利的所有人颁发的文书。正当的权源必须公示。

第 829 条　在任何情况下,继承权的时效取得须经 33 年的占有。

第 830 条　现时的占有如能被证明曾存在于先前的某一特定时间,则占有被推定为存在于自该特定时间至今的期间,但有相反证据的除外。

第 831 条　任何人均不得违反其权源完成取得时效,因此,任何人均不得自行更改其占有的原因与起源。[①]

但如占有的权源由于第三人的行为或由于占有人对所有人的权利提出抗辩被推翻,则任何人均可违反权源完成取得时效,但在此等情形下,时效期间应自占有权源被推翻时起开始进行。

第 832 条　凡涉及时效期间的计算、时效的中止或中断、时效在诉讼中的援引、时效利益的放弃及改变时效期间的协议等事项,只要不相悖于取得时效的性质且不违背下列规定的限制,均适用消灭时效的规则。

第 833 条　不论取得时效的期间为何种类型,均因存在中止原因而中止。

第 834 条　如占有人放弃或因第三人的行为丧失其占有,取得时效中断。

但如占有人在 1 年内回复了占有或在同一期间内提起了回复占有之诉,则时效不因丧失占有而中断。

第四目　因占有取得动产

第 835 条　根据正当的权源占有动产、动产物权或无记名有价证券者,自他取得占有之时起如为诚信,成为前述财产的所有人或权利人。

诚信占有人根据正当权源占有免受任何负担或限制的物,则他取得的所有权亦免受该种负担或限制。

唯一的占有被推定为具有正当的权源及诚信占有,但有相反证据的除外。

第 836 条　丢失动产物或无记名有价证券者或被盗窃此等财产者,可在

---

　① 　此款规定的是时效制度适用不能的情况。例如,承租人无论占有了标的物多么久,都不能以时效取得其所有权,因为承租人占有标的物的权源是租赁,它不能构成取得时效的原因。《法国民法典》第 2240 条有完全相同之规定,可以参看。——编者注

遗失或被盗后 3 年的期间内,要求占有前述财产的诚信第三人返还原物。

如遗失物或盗窃物系诚信第三人在市场上购买、参加公开拍卖或在出售同类商品的商人处购得,则他可请求收回原物者向他补偿已支付的价金。

第五目　因占有取得孳息

第 837 条　占有人以诚信者为限,取得已收取的孳息。

天然或人工孳息自它与主物分离之日起被视为已收取。法定孳息被视为逐日收取。

第 838 条　恶信占有人应返还自他成为恶信时起已收取或疏于收取的全部孳息,但有权请求补偿他支出的生产费用。

第六目　费用的补偿

第 839 条　获得原物之返还的所有人应向占有人支付他支出的一切必要费用。

确立有益费用的标准,适用第 784 条和第 785 条的规定。

如费用为奢侈性的,占有人不得主张补偿。但占有人可以以其原有状态返还原物为条件拆除他实施的工程,所有人选择支付拆除部分的价值而保有该工程的,不在此限。

第 840 条　从前所有人或前占有人接受占有者,如能证明他偿付了费用,可向请求返还原物的当事人主张此等费用。

第 841 条　法官可应所有人的请求选择他认为适当的方式补偿第 839 条及第 840 条规定的费用。法官亦可决定,在提供必要担保的情况下分期给付补偿。所有人可提前支付与该补偿费相等的金额得到责任免除。

第七目　标的物灭失的责任

第 842 条　如诚信占有人根据其推定的权利享用物,对他应予返还的物的灭失不承担任何赔偿责任。

对标的物的灭失或毁损,占有人仅在他因此等灭失或毁损取得利益的范围内承担责任。

第 843 条　恶信占有人应对标的物灭失或毁损承担责任,即使该灭失或毁损系因意外事件或不可抗力造成的,亦同,但占有人能证明即使物为请求返还的当事人所占有也会产生毁损灭失的,不在此限。

第二题 所有权的派生权利

第一章 用益权、使用权与居住权

第一目 用益权

第 844 条 用益权可因协议、先买权、时效或根据法律取得。

用益权可遗赠给在遗赠时生存的继承人,亦可遗留给刚刚受孕的胎儿。

第 845 条 用益权人的权利和义务根据用益权证书确定,同时适用以下条文的规定。

第 846 条 负担用益权的物之孳息,由用益权人根据其用益权持续时间的比例收取,但应遵守第 839 条第 2 款规定的限制。

第 847 条 用益权人应按他收受时的状态并根据其用途使用标的物,应遵守良好管理之规则。

所有人可就任何不当或不符合标的物性质的使用行为提出异议。如所有人能证明其权利处于危险境地,可请求提供担保。如用益权人不提供担保或无视所有人的反对继续不当或不符合标的物性质地使用物,法官可收回物并将之交第三人管理;根据情势的严重程度,法官亦可在不损害第三人权利的条件下,依所有人的请求终止用益权。

第 848 条 用益权人在他享用标的物的期间,必须承担用益标的物的一切正常负担,包括维修工程所需支出的一切费用。

非正常的负担及非因用益权人之过错导致的大修,应由空虚所有人负责,用益权人应就为此等目的支出的费用对他汇报账目。如用益权人已垫付了费用,有权在用益权终止时要求返还此等金额。

第 849 条 用益权人对标的物的保管应尽善良管理人之注意义务。

用益权人如在用益权终止后迟延向空虚所有人返还标的物,应对标的物发生的灭失承担责任,即使灭失由不可归责于用益权人的原因造成,亦同。

第 850 条 如标的物灭失、降等,或需要大修而其费用超过空虚所有人的负担能力,或需要采取一定防护措施避免不可预见的风险,用益权人应及时将此通知空虚所有人。如第三人对标的物主张权利,亦应通知该第三人。

第851条 如用益权以动产为标的,应编制此等动产之清册,用益权人应对之提供担保。如未提供担保,应将之予以出卖,其价款用于购买国债,产生的收益归用益权人。

提供担保的用益权人可使用作为用益物的消耗物并负责在用益权终止时以同种类的物予以返还;畜群繁殖的牲口在填补畜群因意外事件或不可抗力减少的头口后,其剩余部分归用益权人。

第852条 用益权因规定的期限届满而终止。如未确定期限,被视为系为用益权人的终身设定。在任何情况下,用益权人的死亡即使发生在规定的期限届满之前,也导致用益权消灭。

如负担用益权的土地在期限届满或用益权人死亡时种有尚未收割的庄稼,用益权人或其继承人应继续享有用益权直至庄稼成熟,但应负责支付此段时期土地的租金。

第853条 用益权因标的物灭失而消灭。但如有可能,用益权可从毁损的标的物移转至其等价物。

如标的物灭失非因空虚所有人过错引起,他不必重建该物。但如已重建,则为用益权人的利益再产生一项用益权。如此等灭失不可归责于空虚所有人,适用第848条第2款之规定。

第854条 用益权因在15年的期间内不行使权利而消灭。

第二目 使用权及居住权

第855条 使用权和居住权的范围应根据权利人及其家人的需要确定,但不得违反权利设定证书确定的规则。

第856条 使用权和居住权不得转让给第三人,但有明示约定或重大理由的除外。

第857条 在遵守上述规定的限制的情况下,有关用益权的规则在不与使用权和居住权的性质相悖的范围内,适用于此等权利。

第三目 国家划拨土地的使用权

第858条 除法律有相反的规定外,国家划拨土地给集体或其他社会主义组织的行为是无偿的,且其存续期间无限制。

第859条 农村自主经营组织和企业的土地、房屋不得转让且不适用时效的规定。前述财产不得成为租赁的标的。

上述财产只能为集体经营。

第 860 条　用于自主经营组织或企业的动产和不动产不得扣押。专用于此种经营的各种形式的投资属前述财产的组成部分。

第 861 条　劳动者集体对被委托的财产有进行妥善管理并促使其增值的义务,并对被委托的经营组织和企业的管理承担责任。

第四目　划拨给集体组织成员之土地的使用权

第 862 条　集体组织的成员对于以实物利益名义划拨的土地仅可用于其家庭需要。此种使用权不得成为交易之标的,且仅可由受益人和与他共同生活的家庭成员行使。

第 863 条　使用权人在划拨的土地上修建的建筑物及安装的设施,其所有权属使用权人;此等土地的收益的所有权亦属使用权人。

第 864 条　因使用划拨的土地发生的费用由使用权人负担。

第 865 条　除法律有相反的规定外,使用权的转让行为及租赁划拨土地的行为不产生任何法律效果。

但为保证公民的安居,移转在土地上修建的房屋给集体组织其他成员或通过继承作此等移转,都导致使用权移转于新权利人。

第 866 条　如果使用权人因自身的过错长期不行使其权利,或未经许可将之移转于他人、或违背使用权人应承担的义务且无视相关警告,有权机构亦可撤销第 862 条、第 863 条及第 864 条规定的使用权。

在使用权被撤销或终止的情形下,修建于土地上的建筑及此时尚未收割的庄稼和尚未收取的孳息同时移转给有权机构或新的土地使用权受益人,但应给予赔偿;原使用权人或其继承人有权带走其他财产。

第二章　地役权

第 867 条　地役权是为属于其他所有人的另一土地的利益而限制对土地之享用的权利。在与供役地之被设定的用途相容的范围内,地役权可设定于国有土地。

第 868 条　地役权产生于需役地所处的地理位置,或通过法律行为或继承取得。

地役权不得因时效取得,但包括通行地役权在内的表见地役权除外。

第 869 条　表见地役权亦可根据前所有人的指定设立。

如能以任何形式的证据证明,两块相互分开的土地的所有人曾在两块土地间设置了明显的标志,同时也在两者间创立了如果这两块土地属于不同的所有人能够表明某种地役权之存在的从属关系,则构成前所有人的指定。在此等情形下,如这两块土地在不同的所有人中转手而未改变其状态,则地役权被视为为这两块土地的利益和负担积极地和消极地设立,但有明确的相反条款的,不在此限。

第 870 条　如无相反的协议,对土地所有人自由加高建筑之权利加以某种限制的约定,如禁止建筑物超过一定高度或禁止在特定的地面为建筑等,成立为相邻土地之利益被加以前述限制性规定之土地负担的地役权。任何对此等限制性规定的违反均导致实物赔偿。但如法院认为损害赔偿更为可取,可判决将实物赔偿转化为损害赔偿。

第 871 条　地役权受其设立证书规定的规则、本地习惯及以下规定的限制。

第 872 条　需役地所有人为行使及维持其地役权,有权修建必要的工作物,但应采取对供役地造成损害最小的方式行使这一权利。

需役地的新增需要不应导致地役权的任何加重。

第 873 条　供役地所有人无义务为需役地的利益修建工作物,但涉及正常行使地役权所需要从属工作物的情形除外,有相反规定的,不在此限。

第 874 条　除有相反的规定外,为行使和维持地役权所必要的工作物的费用由需役地所有人承担。

如供役地所有人有义务以其费用修建此等工作物,他有权通过全部或部分放弃供役地给需役地所有人而使自己免除承担此等义务。

如该工作物给供役地所有人带来了同样的利益,则其维修费用应按他们各自从中获得利益的比例由双方当事人分担。

第 875 条　供役地所有人不得实施任何可能减少地役权之使用权能或使其使用更为不便的行为,尤其不得改变土地的现有条件,也不得为他人行使地役权而改变原来指定的地点。但如原来指定的地点已使地役权的负担加重,或地役权构成对供役地实现改良的障碍,供役地所有人可请求将地役权转而设定于土地之其他部分或属他所有的另一土地,或在征得第三人同意的情况下转而设定于第三人的土地,只要在新地点设定的地役权的行使对在原地点设定的地役权之需役地所有人同样便利即可。

第876条　如需役地被分割,只要供役地的负担未予加重,地役权仍为各块土地之利益继续存在。

但如地役权客观上仅为某一地块带来利益,供役地所有人可主张地役权对其他地块归于消灭。

第877条　如供役地被分割,地役权仍继续由分割后的各块土地负担。

但如地役权未对某些小块土地行使或客观上不能行使,则这些小块土地的各所有人可主张地役权对为其所有的地块消灭。

第878条　地役权因规定期限届满、供役地整体灭失或供役地与需役地所有权同属于一人而消灭;但如前述两块土地的混同终止,则地役权应即行恢复。

第879条　地役权因在10年的期间内不行使而消灭;如地役权是为某一家庭共同体的遗产的利益设定的,则因在33年的期间内不行使而消灭。地役权的行使样态如同地役权本身,亦可因时效而改变。

时效因需役地共有人之一行使地役权中断带来的利益及于其他共有人。同样,时效因需役地共有人之一的原因中止的利益亦及于其他共有人。

第880条　标的物的状态改变到不再能行使此等权利时,地役权归于消灭。

如标的物回复为能被使用的状态,则地役权即行恢复,但地役权因不行使而消灭的情形除外。

第881条　如地役权对需役地已丧失全部效用,或如果仅在被减少的效用与供役地的负担不成比例的状况下维持,则供役地所有人可全部或部分免除地役权负担。

第四编

从物权或担保物权

第一题　抵押权

第 882 条　抵押合同授予债权人不动产物权保障其债权实现,该物权使债权人的债权得以就无论辗转至何人手中的该不动产的价金优先于后顺位的其他债权人获得偿付。

第一章　抵押权的设定

第 883 条　抵押权仅可根据公证书、法院判决或法律设定。

除有相反的约定外,公证书的费用由抵押人负担。

第 884 条　债务人本人或同意为债务人之利益设定抵押的第三人,均可为抵押人。

在上述两种情形下,抵押人须为用于抵押的不动产的所有人且对之具有处分能力。

第 885 条　经其所有权权源因任何其他原因被撤销、取消或废除的所有人之同意,抵押为抵押权人的利益继续有效,但以抵押权人在订立抵押合同时为诚信者为限。

第 886 条　除有相反的规定外,抵押权仅可设定于不动产。

用于抵押的不动产须为流通物且能以公开拍卖的方式出卖。此外,对用于抵押的不动产的性质及其所处位置必须以具体的方式说明。该项说明应载于设立证书或尔后作成的公证书中,否则抵押无效。

第 887 条　除非有相反的约定且不损害第 997 条规定的优先权,在涉及应向承揽人或建筑人支付的金额时,抵押权扩及于被抵押之财产的从物,此等被视为不动产的从物特别包括地役权、不动产附着物以及为所有人利益作成的任何改良或营造物。

第 888 条　自其效力等同于不动产扣押的不动产支付催告登记之日起,被抵押之不动产的孳息和收益即成为不动产,并以与分配不动产价金相同的方式进行分配。

第 889 条　在他人土地上修建的建筑物的所有人可将该建筑物用于抵押。在此等情形下,抵押权人对被拆除的建筑物的价值享有优先权,或如果土地所有人根据添附规定保留建筑物,则抵押权人对土地所有人支付的赔偿享有优先权。

第 890 条　经未分割的不动产之全体共有人同意设定的抵押权,对该不动产以后的分割或拍卖的结果保持效力。如共有人之一同意将抵押权设定于他在共有中的份额或不动产之经分割部分,而在分割时,未能获得被抵押的财产,在此种情形下,抵押应连同其顺位,在前述被抵押之财产的价值范围内移转于他分割获得的财产。此项财产应依当事人请求以法院判决予以确定。在得到共有财产分割之公告涉及的全体利害关系人对他发出的通知后的 90 天内,抵押权人应要求进行新的登记,以指明抵押权被移转的财产。移转后的抵押权不得对经全体共有人同意设定的抵押权以及共有人的优先权造成任何损害。

第 891 条　抵押权可为担保附条件的债权、将来的债权、可能发生的债权、未结算账目或开设账户设定,但被担保的债权金额或债权可能达到的最高额须在设立证书中确定。

第 892 条　如无相反的规定或约定,被抵押的一项或数项不动产的每一部分应担保债务整体的清偿,而债务的每一部分则为被抵押的一项或数项不动产的整体所担保。

第 893 条　除法律有相反的规定外,抵押权与它担保的债权具有从属性。在有效和消灭问题上,抵押权均取决于债权。

如抵押人为债务人之外的人,该人可享有债务人本人享有的一切权利,即使债务人放弃该种权利时亦同,但专属债务人自身的权利除外。

第二章　抵押权的效力

第一节　当事人间的效力

第一目　对抵押人的效力

第 894 条　抵押人可处分被抵押的不动产,但其处分行为不得损害抵押权人的权利。

第 895 条　抵押人可对被抵押的不动产实施一切管理行为,并对被视为不动产之前的孳息,有权收取。

第 896 条　抵押人订立的租赁合同对抵押权人无对抗力,但租赁合同在公布不动产支付催告前已取得定期的①,不在此限。未在前述公布之前定期的租赁合同或在此之后缔结且未预付租金的,对抵押权人无对抗力,但租赁合同被视为善良管理行为的,不在此限。

如在公布不动产支付催告前订立的租赁合同的期限超过 9 年,该租赁合同仅在 9 年期间内对抵押权人具有对抗力,但租赁合同在抵押权登记前已被公示的除外。

第 897 条　为不超过 3 年的期间作成的预付租金的收取和让与,对抵押权人无对抗力,但如它在登记不动产支付催告前已经定期的,不在此限。

如设定前述预付租金的收取或让与的期限超过 3 年,它仅在于抵押权登记前已予公示的情况下才能对抵押权人有对抗力;如未作此种公告,该期限减至 3 年,并适用前款规定的限制。

第 898 条　抵押人应保证其管理行为的有效性。他可阻止并指出使其担保权明显减少的一切疏漏,在紧急情况下可采取一切措施对财产进行必要的保全,并承担相关的费用。

第 899 条　如被抵押的不动产因抵押人的过错灭失或减等,抵押权人可选择请求抵押人提供足够的担保或要求他立即清偿其债务。

如此等灭失或减等因不可归责于债务人的原因引起,且债权人不同意让其债权成为无担保的,则债务人可选择向债权人提供足够的担保或提前清偿债务。

在任何情况下,如实施的行为有可能导致被抵押的不动产灭失或减等,或使之不足以清偿其担保的债权,抵押权人可请求法官责令停止该种行为并采取必要的措施避免损害。

第 900 条　在被抵押的不动产因某种原因灭失或减等的情形下,抵押权连同其顺位移转于对该种灭失或减等产生的债权,如损害赔偿金、保险赔偿金或为公共利益征用不动产给予的赔偿金等。

第二目　对抵押权人的效力

第 901 条　如抵押人为债务人以外的人,则只有被抵押的财产可被追及,

---

①　"定期",即确定法律行为的发生日期,在两个法律行为的效力发生冲突的情况下,依据"时间在先,权利在先"的原则确定它们间何者为先。——编者注

不得追及抵押人的其他财产。如无相反的协议,抵押人不得主张先诉抗辩利益。

第 902 条 债权人在对债务人为支付催告后,可按《民事诉讼法典》规定的期限和形式剥夺债务人对被抵押财产的所有权并将此等财产出卖。

如抵押人为债务人以外的人,他可根据为占有的第三人放弃财产权规定的形式和规则,通过放弃被抵押的不动产以避免被诉追。

第 903 条 允许债权人在债务未获清偿时以不论其数额为何的确定价格取得被抵押的不动产之所有权的协议,或允许债权人在前述情况下不依法律要求的程序出卖被抵押的不动产的约定,即使成立于设立抵押权之后,亦均属无效。

但当事人可约定,在债务到期后或一个期次的债务到期后,债务人将被抵押的不动产让与给债权人,同时清偿债务。

第二节 对第三人的效力

第 904 条 抵押权仅在设定抵押权的证书或判决之登记先于第三人对不动产取得物权,且不违反有关破产程序的规定的情况下,方可对第三人有对抗力。

担保权利经登记的转让、对此种权利的法定或约定代位以及为了其他债权人的利益而让与抵押权的顺位,仅在将之记载于原登记册的备注栏中时,方可对抗第三人。

第 905 条 抵押权的登记、更新、注销、撤销注销以及由此产生的效果,适用法律有关不动产公示规则的规定。

第 906 条 除有相反的约定外,抵押权登记、更新以及注销的费用由抵押人承担。

第三节 优先权与追及权

第 907 条 就不动产的价金或就替代该不动产的债权,抵押权人根据其登记的先后顺序(即使在同一日登记的亦同),可先于无担保的债权人受偿。

第 908 条 抵押权的顺序依其登记日确定,即使涉及的债权为附条件的、将来的或可能发生的债权,亦同。

第 909 条 抵押权一经登记,意味着默示地把登记行为的费用及更新的费用排列在同一顺序。

债权人之一所为之不动产支付催告公示,其效力及于全体其他债权人。

第 910 条 抵押权人可在他被担保的债权范围内将其顺序为其他对同一不动产进行了登记的债权人的利益作出让与。可对抗让与人的抗辩,除关于消灭其债权的抗辩外,只要此等消灭在让与之后,也可对抗受让人。

第 911 条 债务到期时,抵押权人可无视占有财产的第三人而诉请剥夺被抵押之不动产的所有权,但第三人选择清偿债务、清除抵押权①或放弃不动产的除外。

所有对被担保的债务不承担个人责任的人,以某种方式取得了被抵押之不动产的所有权或受抵押的其他物权的,被视为占有财产的第三人。

第 912 条 抵押担保的债务一旦到期,在抵押物被拍卖前,占有财产的第三人可清偿主债和包括催告后的追索费用在内的从债。在此种情形下,该第三人就他支出的全部费用对债务人及不动产原所有人享有追偿权。此外,该第三人可代位行使已受清偿之债权人的一切权利,但涉及由债务人以外的人提供的担保的权利,不在此限。

第 913 条 在占有财产的第三人之权利取得证书予以公示之时存在的登记被注销前,必要时,第三人应维持其代债权人之位行使的权利之登记并对之作出更新。

第 914 条 如果由于取得被抵押的不动产,占有财产的第三人成为一项可立即要求清偿之金额的债务人,且该第三人足以偿付所有已就该不动产作了登记的债权人时,该债权人中之每一人,在其所有权证书已公示的情况下,均可强制该第三人清偿债务。

如占有财产的第三人的债务非为可立即要求清偿的,或在顺位上低于或不同于债权人之到期债权,依共同协议,债权人也可请求该第三人在其责任范围内依其债务的样态和期限为清偿。

在上述各种情形下,占有财产的第三人不得以放弃不动产规避对债权人为偿付。但一旦履行了给付义务,不动产即被视为已解除所有的抵押,占有财产的第三人有权请求注销抵押权登记。

第 915 条 其所有权证书已公示的占有财产的第三人,可在公布其权利证书前,清除不动产上一切经登记的抵押权。

---

① 抵押权的"清除"是一种程序,利用这一程序,占有不动产的第三人可通过摆脱其被设定了抵押权的不动产而防止或停止抵押权诉讼的进行。——译者注

在享有抵押权的债权人未向债务人发出支付催告通知前，或未向占有财产的第三人发出催告通知前，至抵押物拍卖招标细则登记时止，占有财产的第三人仍可行使此等清除权。

第 916 条 占有财产的第三人如欲为抵押权的清除，应向经登记的债权人送达包含下列声明事项的文书于此等债权人登记时选定的住所：

——其权利证书的摘要，其中仅须包括文件的性质及日期，前所有人的姓氏及确切称呼，不动产的所处位置及确切情况；如涉及出售，则包括价格以及作为价格组成部分的负担。

——其权利证书公告的日期、所处的卷及编号。

——不动产的估价金额，如果涉及一项买卖，亦同。此项金额不得低于剥夺所有权的情况下确定的价格，在任何情况下，也不得少于在涉及一项买卖时所支付的价格。如不动产的各部分负担有特定的抵押权，应分别对其各部分进行估价。

——在公示其权利证书前取得的登记表。此表应包括登记的日期、经登记之债权的金额以及债权人的姓名。

第 917 条 在同一文件中，占有财产的第三人应声明自己已准备好在不动产被估定的金额范围内偿付已登记的债权，他承诺支付的款项不得为透支款，即应明示他已准备以现款支付一笔金额，而不管已登记之债权的到期日如何。

第 918 条 任何已登记的债权人及任何已登记之债权的担保人，均可请求出卖作为清除抵押权之标的的不动产，但其请求应在最后一次通知送达时起 30 日的期限内提出。此一期限可增加债权人的实际住所与他选定住所之间的距离期间，但此等距离期间不得超过 30 日。

第 919 条 上述请求应以向占有财产的第三人及前所有人发出通知的方式为之，该请求应由请求人或他特别授权的代理人签字。请求人应在国库存入一笔足以偿付拍卖费用的金额，如他在拍卖中未能以较高价格竞买成功，无权请求返还任何预付的费用。不具备上述条件中任何一项的请求，应属无效。

非经全体已登记的债权人及全体担保人同意，请求人不得撤回其请求。

第 920 条 出卖不动产的请求一旦成立，即应遵循法律就强制剥夺所有权所规定的程序。该项出卖应根据请求人或占有财产的第三人的请求进行。原告应在出卖财产的公告中说明不动产被估定的金额。

不动产拍卖的得标人除应支付拍卖物的价款和清除抵押权的费用外，还应向被剥夺占有的第三人返还他因订立合同、合同公告及通知发生的费用。

第 921 条 如出卖不动产的请求未在规定的期限内并以规定的形式提出,而不动产受让人已向居于优先受偿顺位的债权人支付了高于不动产估价 1/10 的金额,或已将此等金额存入国库,则不动产之所有权终局地移转至受让人,且不用进行任何登记。

第 922 条 占有财产的第三人放弃被抵押的不动产,应向有管辖权的法院的书记官以声明为之,该第三人应请求将此等声明登录于不动产支付催告登记的备注栏内,并在此后的 5 日内通知起诉的债权人。

尽最大注意义务的当事人可请求速审法官不顾将进行的剥夺所有权的诉讼程序而任命讼争财产的保管人。如提出该种请求,则占有财产的第三人应被任命为讼争财产的保管人。

第 923 条 如占有财产的第三人既不选择偿付经登记的债权,也不选择清除抵押权,也不选择放弃不动产,抵押权人仅在向该第三人为可要求清偿之债的支付催告后或放弃不动产之催告后,方可依《民事诉讼法典》的规定对之提起剥夺所有权的诉讼。此项催告通知可在不动产支付催告送达之后送达或与之同时送达。

第 924 条 其财产取得证书已公示,且他并非由之判决债务人清偿债务之诉讼的当事人的占有财产的第三人,如此等判决发生于前述公示之后,他可对抗由债务人提出的一切抗辩。

在任何情况下,该第三人亦可对抗在前述判决后债务人提出的一切抗辩。

第 925 条 占有财产的第三人在其报价不低于相对于待出卖的不动产价格所应支付的金额的条件下,可参加拍卖。

第 926 条 被抵押的不动产即使在清除抵押权程序或放弃不动产程序之后被剥夺所有权,而占有财产的第三人已使自己成为不动产拍卖的得标人,则该第三人被视为依他最初的财产取得证书成为不动产的所有人。如该第三人支付了拍卖的价款或已将之提存,则该不动产的抵押权登记被全部清除。

第 927 条 在前述情形下,如占有财产的第三人以外的人成为不动产拍卖的得标人,他根据拍卖决定以占有财产的第三人的名义享有权利。

第 928 条 如不动产被拍定的价格超过经登记的债权人的债权金额,超过部分归占有财产的第三人,其抵押权人可以此等超过部分的金额受清偿。

第 929 条 占有财产的第三人在取得不动产所有权之前对之享有的地役权或其他物权,为其利益重新恢复。

第 930 条　占有财产的第三人有义务返还自支付催告或放弃不动产催告之时起产生的孳息。如已提出的请求在 3 年内被放弃,占有财产的第三人仅应返还自新的催告成立时起产生的孳息。

第 931 条　占有财产的第三人享有对抗原所有人的担保之诉,但此等诉权仅以有偿或无偿地从其前手取得所有权的相续人对其前手享有的诉权为限。

占有财产的第三人就他超出权利文书规定的负欠数额而清偿的超额部分,对债务人享有追偿权,此等超额部分的清偿原因为何,在所不问。同时他可取代债权人之位取得债务人提供的担保,但担保由债务人之外的第三人提供的,除外。

第 932 条　占有财产的第三人应就因其过失引起的不动产减等对债权人承担赔偿责任。

第三章　抵押权的消灭

第 933 条　抵押权因被担保之债权的消灭而消灭。如债权消灭的原因消失,抵押权与债一起重新恢复,但不得损害诚信第三人在此间隔期间已取得的权利。

第 934 条　一旦完成清除抵押权的程序,抵押权最终消灭,即使占有财产的第三人导致清除抵押权程序得以进行的所有权后来因某种原因消灭,亦同。

第 935 条　除有明示约定外,出卖被抵押之不动产并不导致债务移转于买受人。

如出卖人与买受人就债务移转达成了协议,如果该买卖行为已登记,则债权人在依法定程序作出通知后,应在不超过 6 个月的期限内承认或拒绝此等移转。如在此等期限届至前债权人保持沉默,此等沉默相当于承认。

第 936 条　即使完全违背所有人、占有财产的第三人或讼争财产的保管人的意志,以强制剥夺所有权的方式拍卖被抵押的不动产后,设定在该不动产上的抵押权因拍卖价款的提存消灭,或因向就接受该价款享有优先顺位的经登记的债权人为清偿而消灭。

第二题　裁定抵押权

第一章　裁定抵押权的设立

第 937 条　任何持有基于土地而判决债务人为特定给付的可执行判决的债权人,为担保他对本金及费用的债权,均可取得对债务人之不动产的裁定抵押权。

债务人死亡后,债权人不得对遗产中的不动产取得裁定抵押权。

第 938 条　外国法院作出的判决或仲裁裁决,只有取得强制执行力时,方可作为取得裁定抵押权的依据。

第 939 条　裁定抵押权可根据确认当事人间的交易或协议的判决取得。

第 940 条　裁定抵押权仅可就此项权利登记时属于债务人并能以公开拍卖方式出卖的一项或数项特定不动产取得。

第 941 条　欲取得其债务人的不动产裁定抵押权的债权人,应向对他意欲对之行使此项权利的不动产具有管辖权的法院院长提出申请。

该申请应附入判决的正式副本或包括判决内容的法院书记官的证明,并应包括以下事项:

——债权人的姓名、职业、实际住所以及在法院所在城市之选择住所。

——债务人的姓名、职业及住所。

——判决的日期及作出该判决的法院的说明。

——债权的金额。如判决确认的债权尚未清算,法院院长应进行假清算,并确定可就之授予裁定抵押权的数额。

——对不动产之处所的准确的、具体的说明及每一部分的价值。

第 942 条　法院院长应在申请下端签署命令。

法院院长在授予裁定抵押权时,应考虑债权的金额及有关不动产的大致价值,必要时,应将裁定抵押权限制为此等不动产权利之负担的一个份额;如认为不动产的一部分足以保证偿付对债权人负欠的主债和费用,也可将该抵押权限制为由不动产的一部分负担。

无论发生何种上诉,授予裁定抵押权的命令仍具有假执行效力。

第 943 条 法院书记官应在授予裁定抵押权的命令作出之日,将之送达债务人。

第 944 条 持异议的债务人可向作出裁定抵押权授予命令的法官提出上诉,并要求速审。

任何认定授予裁定抵押权命令无效的命令或判决,均应登录于登记的备注栏内。

第 945 条 如法院院长基于债务人的上诉自始否定债权人之授予裁定抵押权的请求,债权人即可向法院提起上诉。

第二章 裁定抵押权的效力、缩减及消灭

第 946 条 如负担裁定抵押权之不动产的价值超过了担保债务所需之金额,任何利害关系人均可请求对裁定抵押权按相应比例予以缩减。

缩减可采用将裁定抵押权限定为一项或数项不动产的某一份额负担的方式,也可采用将该抵押权移转至可提供足够担保的其他不动产的方式。即使债权人同意缩减,缩减所需费用仍应由请求缩减的当事人负担。

第 947 条 裁定抵押权的受益债权人享有与抵押权人相同的权利,涉及权利的登记、更新、注销、权利的不可分性、权利的效力及权利的消灭等一切事项,裁定抵押权尤其适用法律有关抵押权的规定,但不得与一切特别规定相违背。

第三题 质 押

第一章 质押的要件

第 948 条 质押合同,是当事人为担保其债务或第三人的债务,有义务向债权人或双方当事人选择的第三人交付标的物及在标的物上为债权人的利益设立物权,根据此等物权,债权人在其债权得以清偿之前可占有该标的物,且不论该标的物流转至何人之手,均可优先于普通债权人及顺序居后的债权人就此等标的物的价值请求受偿所达成的协议。

第 949 条 仅动产或有可能予以实物分割并公开拍卖的不动产,可成为质押之标的物。

第 950 条 质押适用第 891 条、第 893 条及第 904 条有关抵押的规定。

第二章 质押的效力

第一节 当事人间的效力

第一目 出质人的义务

第 951 条 出质人应向债权人或双方当事人选择的第三人交付质物。

交付质物的义务,适用交付出卖物之义务的规定。

第 952 条 如出质人回复对质物的占有,质押合同终止,但质权人能证明该回复占有系由质押合同消灭以外的原因引起的除外。以上行为不得损害第三人的权利。

第 953 条 出质人是质物及其有效性的保证人,不得实施任何可能减低质物价值或妨碍债权人行使其留置权的行为。在紧急情况下,质权人可采取一切必要的保全措施,费用由出质人承担。

第 954 条 用于质押的标的物因出质人的过错或不可抗力发生灭失或减等的,由出质人承担责任。

第 899 条及第 900 条有关被抵押的不动产灭失或减等的规定及关于债权人的权利移转至替代抵押物的债权的规定,适用于质押。

第二目 质权人的义务

第 955 条 质权人应负责保管占有的质物并尽善良管理人的全部注意义务。

质权人应对质物的灭失或减等承担责任,但能证明此等损失系出于不可归责于质权人的原因的除外。

第 956 条 质权人不得从质物上无偿获得任何利益。

除有相反的规定外,质权人应使质物产生它有可能产生的一切孳息。

质权人从质物获得的净收益以及使用质物产生的价值,即使债务尚未到期,也应被列入担保金额。被担保的首先是保管质物的开支及质物的分摊费用,然后是履行债务的有关费用,最后是债务本身。

第 957 条　如当事人未约定被担保之债的到期日,债权人除可收取孳息外,还可要求清偿债务,债务人也有权在他认为适当的任何时间履行其债务。

第 958 条　质权人有权管理质物,应对之尽善良管理人之注意义务。

如无出质人的同意,质权人不得改变质物的利用方式。质权人有义务及时通知出质人一切需要对方介入的事项。

在质权人滥用其权利、经营不善或具有严重疏忽大意的情形下,出质人有权请求把质物作为讼争财产保管或请求收回质物并代之以履行债务。

第 959 条　质权人受领其全部债权、从债、不动产维修费及赔偿费之清偿后,应向出质人返还质物。

第 960 条　第 901 条关于非债务人之抵押人责任的规定,第 903 条关于流质条款的规定和关于抵押物出卖方式条款的规定,适用于质押。

第二节　对第三人的效力

第 961 条　出质的财产须为债权人或合同当事人选定的其他人占有,方可对第三人产生对抗力。

出质的财产可用于担保数项债务。

第 962 条　质押赋予质权人以排他的方式占有质物的权利,但不得损害第三人合法享有的权利。

如质权人对质物的占有非经其同意或在他不知情的情况下被剥夺,他有权根据占有的有关规定请求第三人返还原物。

第 963 条　质押担保的范围不仅包括债权本身,同时也包括以下费用:

——为保管质物支出的必要费用;

——因质物的瑕疵导致的损害赔偿;

——债务及质押的设定、登记费用;

——实现质押产生的费用。

第三章　质押的消灭

第 964 条　质权因被担保之债权的消灭而消灭;如债权消灭的原因不复存在,则质权随债权的恢复而恢复,但不得损害诚信第三人在间隔期间依法取得的权利。

第 965 条　质权亦可因下列事由之一消灭：

——质权人抛弃质权。债权人自愿抛弃质物或同意无保留地处分质物，为默示抛弃质权。但如质物上负担了为第三人利益设定的权利，则债权人的抛弃仅在征得第三人同意的情况下方可对抗该第三人。

——质权与质物的所有权同归于一人。

——质物灭失或出质的权利消灭。

第四章　不动产质押

第 966 条　不动产质押除应将不动产交付债权人占有外，还须登记不动产质押文件，方可对第三人产生对抗力。不动产质押登记适用关于抵押权登记的同一规定。

第 967 条　质权人将不动产出租给出质人时，不动产质押对第三人具有同样的对抗力。如该项租赁被规定在质押证书中，应在不动产质押登记时予以载明；该项租赁合同于事后订立的，应在登记的备注栏内予以说明。如租赁以默示的展期被更新，则不必为此种说明。

第 968 条　质权人应负责维修被质押的不动产，承担其必要的保存费用、有关税收和年度负担，质权人可以以他收取的孳息或依其法律规定的优先顺位取得的该不动产的价金补偿此等费用。质权人可放弃其不动产质权而不承担前述义务。

第五章　动产质押

第 969 条　为使质权可对抗第三人，除应将被质押的动产交付给债权人外，质权的设定还应采用书面形式，其中充分载明被担保的债务的金额、质物及设定的特定期日。质权人的顺位根据这一特定期日确定。

第 970 条　关于占有有体动产和无记名有价证券之效力的规则，适用于动产质押。

尤其重要的是，如出质人无处分质物的资格，诚信质权人仍可行使其质权。此外，即使在设定该质权之后，任何诚信占有人均可行使他对质物取得的权利。

第 971 条　如质物有衰败、减等或价值减少之虞，以至有可能不足以担保债权,而出质人未请求返还质物并以其他担保予以替代,债权人或出质人可请求法官许可将质物公开拍卖或在市场上出卖。

在许可出卖质物时,法官应裁定提存价款。在此等情形下,债权人的权利移转至该价款。

第 972 条 如出现出卖质物的有利机会,即使为实现质权确定的期限尚未届至,出质人亦可请求法官许可出卖质物。在许可出卖质物时,法官应确定出卖条件并裁定提存价款。

第 973 条 在债务人不偿付其债务的情形下,质权人可请求法官许可将质物公开拍卖或在市场上出卖。

债权人亦可请求法官许可根据专家的评估,在到期债权的范围内将质物归为己有。

第 974 条 前述规定的适用不得违背商法的有关规定,不得违背有关被授权经营质押借贷的机构的法律规定,也不得违背有关设定质押之特别情形的法律和法规的规定。

第 975 条 债权质押仅在依第 241 条之规定对债务人作出通知或经他同意的情况下,才可对抗债务人。

此种质押仅在向质权人交付债权证书后,才可对抗第三人,其顺位应与通知或同意所确定的日期相对应。

第 976 条 记名有价证券或指示证券可根据法律规定的特殊移转方式设定质押,应注明此等移转系以质押的名义为之,但不必通知债务人。

第 977 条 不可转让或不得扣押的债权,不得用于设定质押。

第 978 条 除有相反的规定外,质权人有权以首先清偿费用、然后清偿其被担保债权之本身为条件,定期受领给付。

质权人有义务妥善保管被出质的债权。质权人有权在不经出质人协助即可受领给付的范围内,在规定的时间和地点受领此等给付,并立即通知出质人。

第 979 条 被出质的债权的债务人可向质权人主张质押担保的债权的效力瑕疵抗辩,亦可提出对自己的债权人享有的抗辩,在让与的情形下,可提出对受让人享有的抗辩。

第 980 条 如出质的债权先于被担保的债权到期,债务人仅可向质权人和出质人共同履行。质权人或出质人均可要求债务人将应为给付予以提存,质权被移转于此等被提存的给付。

质权人和出质人应共同配合,在不损害质权人之权利的情况下,使前述给付能够产生最有利于质权人的使用,同时应立即为质权人的利益设定对此等给付的质权。

第 981 条 如出质的债权与被担保的债权均已到期,其债权未获清偿的质权人可在他享有债权的范围内受领出质的债权之给付,亦可请求出卖此等出质债权,或请求按第 970 条第 2 款之规定取得此等权利。

第四题 优 先 权

第一章 一般规定

第 982 条 优先权为法律根据特定债权的性质赋予的优先受偿权。

任何债权均可依法律规定被赋予优先权。

第 983 条 优先权的顺位由法律确定。如无确定优先权顺位之特别规定,适用本题有关优先权的规定。

除法律有相反的规定外,同顺位的优先债权应同时受偿。

第 984 条 一般优先权适用于债务人包括动产和不动产在内的一切财产。特别优先权只能对某些动产或特定不动产行使。

第 985 条 优先权对动产的诚信占有人不具有对抗力。

不动产出租人对出租地被配置的动产,旅店经营者对旅客寄托于旅店的物品,均被视为本条意义上的占有人。

如债权人有正当理由担心负担了为其利益设定了优先权的动产遭到侵吞,可请求将该动产作为讼争财产保管。

第 986 条 有关抵押权的规定与不动产优先权的性质并非不相容者,适用于不动产优先权。可适用的规定尤其包括关于清除、登记及登记的效力、更新以及注销的规定。

但即使设定于不动产上的一般优先权也不适用公示制度且无任何追及权。同样,担保国库应征收的金钱的不动产优先权不被强制公示。所有此等优先权在顺位上均优先于无论其登记日期如何的任何其他不动产优先权或抵押权。而在前述优先权中,担保国库应征收的金钱的优先权优先于一般的优先权。

第987条　有关抵押物灭失或减等的规定,适用于设定有优先权的财产。

第988条　除法律有相反规定外,优先权根据与抵押权和质权同样的方式、按同样的规则消灭。

第二章　各种优先权

第989条　除根据特别规定确立的优先权外,以下数条规定的债权具有优先受偿性。

第一节　动产之一般优先权与特别优先权

第990条　为全体债权人的共同利益保存债务人的财产并实现其价值产生的诉讼费用,对债务人财产的价金具有优先权。

前述费用应先于其他任何债权得到清偿,即使此等债权被置于优先地位或受抵押担保,或者是为债权人的利益产生的,亦同。为使担保物变现而发生的费用,先于分割该项金钱的诉讼费用得以清偿。

第991条　国库因税费及其他任何性质的负担应征收的金额,依相关法律和法令的规定被赋予优先权。

无论负担了此种优先权的财产为何人占有,此等金额应以此等财产的价金先于其他任何债权受偿,即使它被置于优先地位或受抵押担保,亦同。但对诉讼费用的债权除外。

第992条　因对动产进行必要的保管、维修产生的费用,对该项财产之整体具有优先权。

此等费用应就受负担财产的价金,在诉讼费用和国库应征收的款项之后得到清偿。在此等费用相互之间按其发生期日相反的顺序受偿。

第993条　对于债务人的全部动产或不动产,下列债权具有优先权:

——对服务人员、职员、工人以及其他一切工薪人员负欠的最后12个月期间的薪水及任何性质的工资;

——为债务人及其负责扶养的其他人提供的最后6个月的食物和衣着的费用;

——债务人应向其家庭成员支付的最后6个月的扶养费用。

此等债权应在诉讼费用、国库应征收的款项及保管和维修费用之后得到清偿。在此等债权相互之间应按债权比例受偿。

第 994 条 用于种子、化肥及其他肥料和除虫的费用,以及用于耕种及收获工作的费用,以同等的顺位对其作用对象生产的收获物具有优先权。

此等费用应在以下列举的债权后就收获物的价值得到清偿。

因农具产生的费用以相同的顺位对此等农具具有优先权。

第 995 条 2 年期的房租或地租,或在租期少于 2 年的情况下整个租期的房租或地租,以及一切根据租赁合同应属出租人获得的利益,就该租赁地配置的可扣押的动产,就该土地产生的属于承租人的收获物具有优先权。

即使前述动产属于承租人的配偶或第三人,只要他们不能证明出租人在该动产被搬入租赁地时知道其上设定有第三人的权利,仍可行使前述优先权,但不得违反有关被盗物或拾得物的规定。

对属于分租人的动产或收获物,如出租人明确禁止转租,他仍可对此等物行使优先权。如未禁止转租,优先权仅可在出租人为催告时承租人从分租人收取的金额范围内行使。

此等具有优先地位的债权应在前述债权之后,就受负担财产的价金获得清偿,但前述债权之优先地位因出租人为诚信占有人而无对抗力的除外。

如受负担的财产不顾出租人的反对或在他不知情的情况下被移出出租地,且未留下足以清偿具有优先地位之债权的财产,该优先权继续存在于被移出的财产,但不得损害诚信第三人取得的权利。如出租人在法定期间内对被移出的财产实施追索扣押,则在财产被移出之日起 3 年内,即使损害第三人的权利,优先权亦可继续存在。但出租人应向取得财产的诚信第三人以市场价格或公开拍卖的价格,或以出售同类商品的商人的价格补偿此等财产的价金。

第 996 条 旅店所有人因向旅客提供食宿、供应和一切服务而应收取的费用,就旅客带入旅店或其附属设施的物品具有优先权。

前述物品即使不属于旅客,除非能证明旅店所有人在该物品被带入时知道其上存在第三人的权利,只要它们不属于被盗物或拾得物,仍可对之行使优先权。在其费用未获全部清偿时,旅店所有人可反对移出前述物品,如不顾其反对或在他不知情的情况下移出物品,其优先权可追及至物品所在地行使,但不得损害诚信第三人取得的权利。

旅店所有人的优先权与出租人的优先权居于同一顺位,在两者发生竞合时,发生日期在先的居先,一种优先权可以对抗另一种优先权的,不在此限。

第 997 条 动产出卖人就其价金及从权利对该动产具有优先权。只要该动产保持其独立性,该优先权即对此等财产继续有效,但不得损害诚信第三人取得的权利,并遵守商法之特别规定作出的限制。

此种优先权的顺位在前述动产优先权之后。但如能证明出租人和旅店所有人在财产被带入出租地或旅店时知道该财产已被出卖,则此种优先权可对抗出租人及旅店所有人。

第 998 条　动产的共有人基于共有财产之分割及补足金之清偿,就其各自的请求对此等财产享有优先权。

此种优先权与出卖人的优先权居于相同的顺位。在两者竞合时,发生日期在先的居先。

第二节　不动产特别优先权

第 999 条　不动产出卖人为担保获得价金及其从权利,就该不动产享有优先权。

此种优先权与出卖人的优先权居于相同顺位,如其登记在不动产出卖之日起 2 个月的期限内实施,从出卖之日起取得其顺位。

超过上述期限的,优先权降等为抵押权。

第 1000 条　负责房屋或任何其他工作物的修建、重建、修理或维护的承揽人和建筑师应收取的金额,在此等工作产生的、在该不动产被转让时仍存在的增值的范围内,就此等工作物具有优先权。

此种优先权应登记,并以登记的日期确定其顺位。

第 1001 条　不动产的共有人基于共有财产分割,就他包括取得补足金的权利在内的各自的请求对该不动产具有优先权。此种优先权应登记,并按第999 条规定的出卖人的优先权的同样条件确定其顺位。

第 1002 条　本法典规定的时效期间仅适用于本条例被公布于《阿尔及利亚人民民主共和国政府公报》之后发生的行为。

第 1003 条　本条例自 1975 年 7 月 5 日起生效,并将公布于《阿尔及利亚人民民主共和国政府公报》。

胡阿里·布迈丁(Houari Boumediene)

1975 年 9 月 26 日发布于阿尔及尔

图书在版编目(CIP)数据

阿尔及利亚民法典/尹田译. —厦门：厦门大学出版社，2013.12
（外国民法典译丛）
ISBN 978-7-5615-4893-6

Ⅰ.①阿…　　Ⅱ.①尹…　　Ⅲ.①民法－法典－阿尔及利亚　　Ⅳ.①D941.53

中国版本图书馆 CIP 数据核字(2013)第 300210 号

厦门大学出版社出版发行
（地址：厦门市软件园二期望海路 39 号　邮编：361008）
http://www.xmupress.com
xmup @ xmupress.com
厦门市明亮彩印有限公司印刷
2013 年 12 月第 1 版　2013 年 12 月第 1 次印刷
开本：720×970　1/16　印张：10.5　插页：2
字数：182 千字　印数：1～1 200 册
定价：32.00 元
本书如有印装质量问题请直接寄承印厂调换